莊子集成　劉固盛　主編

莊子解故
齊物論釋

章太炎　撰　孟　琢　點校

福建人民出版社
海峽出版發行集團
THE STRAITS PUBLISHING & DISTRIBUTING GROUP

本叢書爲二〇一一—二〇二〇年國家古籍整理出版規劃項目
本叢書爲全國高等院校古籍整理研究工作委員會直接資助項目
本書爲國家社會科學基金重大項目「基於歷代訓釋資源庫的中國特色闡釋學理論建構與實踐研究」（22&ZD257）和國家社會科學基金冷門絶學研究專項學術團隊項目「中國訓詁學的理論總結與現代轉型」（20VJXT015）階段性成果

莊子集成出版前言

《莊子》是先秦道家重要經典，戰國中期莊周及其後學所撰。《莊子》原爲五十二篇，經西晉郭象删削編定，尚存三十三篇流傳至今。《莊子》在兩漢未受特別重視，至魏晉之際，因與玄學思潮投合，注釋漸多，影響較廣的有崔譔、向秀、司馬彪諸家，但多已亡佚。惟郭象參考諸家之注，加以發揮，形成後世通行的注本。唐代成玄英又依郭注作《南華真經注疏》，補釋郭注未及的字義名物，在思想上也有獨到闡發。陸德明《經典釋文》中有《莊子音義》三卷，因保存較多唐以前異文舊注，爲治《莊》必備之書。

目前流傳下來的《莊子》注本，多成書於宋以後。宋學長於義理思辨，以儒、釋、道解《莊》的傾向較爲明顯，到明代更形成了會通三教的風氣。宋代興起文章評點之風，林希逸、劉辰翁評析《莊子》，引發對《莊子》語言及行文的探索。明代又出現方式更多樣、結構更嚴密的《莊子》評點類著作，《莊子》文章批評成爲專門領域。

清乾嘉以來，考據輯佚之學盛行，注《莊》者更重視校釋文義、考正韻讀、輯補佚文，如盧文弨、王念孫、茆泮林、俞樾、孫詒讓諸家，均取得較高成就。清末郭慶藩、王先謙先後撰《莊子集釋》、《莊子集解》，雖繁簡各殊，而均以集納衆長、具總結性質，成爲百年來最通行的《莊子》注本。近代以降，隨着新舊學術轉型，《莊子》研究多從哲學史、文化史角度展開，或進行學術史的總結，已突破傳統格局。

歷代莊學著述今存三百餘種，近人嚴靈峰編《無求備齋莊子集成初編》、《續編》及《老列莊三子集成補編》，始予系統影印；方勇主編《子藏·道家部·莊子卷》，又續有增益。然均未經點校，不便閱讀。爲總結歷代莊學成就，推動莊學研究進程，福建人民出版社與華中師範大學道家道教研究中心合作編纂《莊子集成》，系統整理魏晉至民國間中國學者有關《莊子》的注疏文獻，分輯出版，以備廣大讀者、研究者使用。

二〇二二年十一月

目次

整理説明

《莊子解故》與《齊物論釋》是章太炎的莊學著作。

《莊子解故》是章太炎對《莊子》的訓詁考證，全面運用乾嘉樸學的考證方法，於訓詁中藴含内在的義理關切。全書成於一九〇八年章太炎講學日本期間，除新撰外，也選取了早期著作《膏蘭室札記》（一八九一—一八九三）中有關《莊子》的若干條目。全書最初連載於己酉年（一九〇九）《國粹學報》第五卷第二至十二期，其後彙爲一卷，收入一九一五年上海右文社排印本《章氏叢書》、一九一九年浙江圖書館刊本《章氏叢書》。

《齊物論釋》是章太炎對《齊物論》的創造性闡釋，貫通了莊學、唯識學、華嚴學的哲學理路，與古今中西的學術思想全面對話，構建起以「自在平等」爲主旨的齊物哲學。齊物哲學是章太炎學術思想的核心，也是中國近現代哲學史上的經典之作。《齊物論釋》包括初本、定本兩個系統。初本作於一九〇八至一九一一年之間，早期版本有一九一二年上海頻伽精舍排印本、一九一五年錢玄同題籤本、一九一五年上海右文社排印

《章氏叢書》本。一九一五至一九一六年，章太炎將初本修訂增補爲定本。一九一九年浙江圖書館刊印《章氏叢書》，分別收入《齊物論釋》的初本與定本，各一卷。

本書對《莊子解故》、《齊物論釋》初本、《齊物論釋》定本進行標點整理。三種著作皆以浙江圖書館刊《章氏叢書》本爲底本。其中，《莊子解故》參照《國粹學報》本，《齊物論釋》初本參照頻伽精舍本、錢玄同題籤本，《齊物論釋》定本參照杭州名人紀念館藏章太炎手校《齊物論釋》謄清稿本，對原書訛脱處予以改補，並出校記説明。

本書標點參考了《章太炎全集》並有所修訂，如有錯謬，還請讀者不吝賜教。

北京師範大學民俗典籍文字研究中心
中國文字整理與規範研究中心　孟琢

莊子解故

莊子解故題記

《莊子》三十三篇，舊有《經典釋文》，故世人討治者寡。王氏《雜志》附之卷末，洪頤煊財舉二十九事，輓自俞、孫二家而外，殆無有從事者。余念《莊子》疑義甚衆，會與諸生講習舊文，即以己意發正百數十事，亦或雜采諸家，音義大氏備矣。若夫九流繁會，各於其黨，命世哲人，莫若莊氏。消摇任萬物之各適，齊物得彼是之環樞，以視孔墨，猶塵垢也。又況九淵、守仁之流，牽一理以宰萬類者哉。微言幼眇，别爲述義，非《解故》所具也。

章炳麟記

内篇　消摇游

搏扶摇而上者九萬里。《釋文》：搏，徒端反；一音搏。崔云：拊翼徘徊而上也。

字當從搏，崔説得之。《攷工記》注：「搏之言拍也。」作搏者形誤，風不可搏。

而後乃今培風。

王念孫讀培爲馮，之蒸對轉也。

彼於致福者，未數數然也。

《説文》：「福，備也。」《祭統》：「福者，備也。備者，百順之名也，無所不順之謂備。」此福即謂無所不順，御風者當得順風乃可行。

吾以是狂而不信也。

狂借爲誑。吾以是誑者，吾以是爲誑也。古言「以爲」多省爲字。

將旁礴萬物以爲一世蘄乎亂。

亂，治也。

大浸稽天而不溺。《釋文》：稽，司馬云：至也。

稽借爲詣，同從旨聲也。《說文》：「詣，候至也。」故司馬訓至。

越人斷髮文身。《釋文》：斷，司馬本作敦，云：敦，斷也。

作敦者是故書，敦、斷一聲之轉。作斷者，後人以訓詁改之。

何不慮以爲大樽。《釋文》：慮，猶結綴也。

結綴字當爲落，《說文》正作輅，云「生革可以爲縷束也」。《唐韻》盧各切。慮、落同部雙聲，覆露亦爲覆慮，敗露亦爲敗落，明其音同。

中於機辟。

辟借爲繴。《釋器》：「繴謂之罿。」郭璞曰：「今之翻車也。」故機、繴並言。

齊物論

其發若機栝，其司是非之謂也。其留如詛盟，其守勝之謂也。

司即今伺字，勝亦司也。《潛夫論》説勝屠即司徒，之蒸對轉也，司亦即今伺字。

以言其老洫也。《釋文》：洫，本亦作溢。

洫借爲侐，《説文》：「侐，静也。」作溢亦通，《釋詁》：「溢，慎也。」

道惡乎隱而有真僞，言惡乎隱而有是非。道隱於小成，言隱於榮華。

隱借爲𢀛。《説文》：「𢀛，所依據也。」隱几亦即據几。此言道何所依據而有真僞，言何所依據而有是非。答言真僞依據小成而起，是非依據榮華而起。明真僞、是非，惟從埶利爲準，本無正則也。

物無非彼，物無非是。

彼借爲匪。《小雅》「彼交匪敖」，《左氏・襄二十七年傳》作「匪交匪敖」，是其證。匪即非字，此下彼、是對舉者，即非、是對舉也。

庸也者，用也。用也者，通也。通也者，得也。

庸用、通得，皆以疊韻爲訓。得借爲中，《地官・師氏》「中失」，故書中爲得；《淮南・齊俗訓》「天之員也不得規，地之方也不得矩」，《文子》得作中，是其例。得與中相通者，古無舌上音，中讀如冬，與得雙聲。

已而不知其然謂之道。

戴震曰：《釋詁》：「已，此也。」《齊物論》「已而不知其然」，《養生主》「已而爲知者」，已皆訓此。

有倫有義。《釋文》：崔本作有論有議。

俞先生曰：當從崔本作論議。案：義當從崔本，文則以郭本爲故書。

鰌與魚游。

鰌亦魚也，不可言鰌與魚游，當借爲䵷鼀之䵷，䵷、鰌同從酋聲也。

其名爲弔詭。

弔詭即《天下》篇之諔詭，與俶儻之俶同字。弔、俶古音相近，彝器伯叔字多作弔，不弔亦即不淑，皆其例。郭訓「弔當」，《釋文》訓至，皆失之。若郭言「卓詭」者，亦即弔詭之異文。卓字古音在舌頭，與弔同呼，凡言卓犖、恢卓，並與弔詭之弔同字。

何謂和之以天倪。《釋文》：天倪，李音崖，云：分也；崔云：或作霓，際也；班固曰天研。

段玉裁曰：天倪、端倪，皆借爲題。《說文》：「耑，物初生之題也。」案：《天下》篇言「端崖」，則倪當借爲崖，李音崖訓是也。作天研者，倪、崖、研皆雙聲。《知北游》

篇言「崖略」，崖者圻堮，略者經界，皆際義也。

養生主

砉然嚮然，奏刀騞然。《釋文》：砉然，崔音畫。騞，呼獲反。

砉、騞二字，《説文》所無，無以下筆。據崔音砉爲畫，則字當作砉，從石圭聲。然騞字從馬，無由明其本義。

乃中經首之會。

《釋樂》：「角謂之經。」首，即「古詩十九首」之首。經首，即角調矣。

技經肯綮之未嘗。《釋文》：技，本或作猗。

技者，小也。從支聲之字皆有小義，《説文》：「妓，婦人小物也。」「䖙，小頭䖙䖙也。」技經肎綮之未嘗，言未嘗小經肎綮也。本或作猗者，是發聲詞，亦通。

人間世

輕用民死，死者以國量乎澤若蕉。

國不可量乎澤，當借爲𠂍。《王制》「以訊𠂍告」，注：「𠂍或爲國。」是其例也。澤者，獻𠂍之處。《夏官·司弓矢》「澤，共射椹質之弓矢」，鄭司農注：「澤，澤宫也。」《射義》曰：「天子將祭，必先習射於澤。」案：《周頌》「於彼西雝」，傳：「雝，澤也。」則澤宫即辟雝。天子訊𠂍在辟雝，諸侯訊𠂍在泮宫，泮宫亦在澤，同得澤名。蕉，《説文》云「生枲也」，言死者以𠂍獻於澤宫，數之其多如枲，猶云死人如麻耳。上説輕用民死，見衛民死者甚多。此説死者以𠂍量乎澤若蕉，并見他國民爲衛戰勝而死者亦多。他國戰死者多，則衛民罷於奔命可知。暴骨以逞，主客交獘，故下云「民其無如矣」。

而彊以仁義繩墨之言術暴人之前者。

孫詒讓曰：術與述通，《祭義》「術省」，注：「術當爲述。」

無門無毒。

毒，當以聲借爲竇、窬等字。

適有蚉䖟僕緣。

《詩·大雅》傳：「僕，附也。」僕、附古同聲。

其可以爲舟者旁十數。

俞先生曰：旁即方。

以爲門戶則液樠。《釋文》：樠，司馬云：謂脂出樠樠然也；崔云：黑液出也。

樠借爲槾。《説文》：「槾，杇也。」槾杇、漫汙聲義同。古無漫字，以槾爲之，此又假借作樠。司馬、崔説皆近之。

實熟則剥，則辱。

《釋名》：「辱，衄也，言折衄也。」此辱字借爲衄，義爲折衄。

大枝折，小枝泄。

俞先生曰：泄借爲抴。

密，若無言。

密借爲謐。《説文》：「謐，靜語也。一曰無聲也。」此以一字斷句。若，女也。《田子方》篇：「默，女無言。」詞例正同。又《達生》云「公密而不應」，密亦謐字。

七圍八圍，貴人富商之家求禪傍者斬之。《釋文》：崔云：禪傍，棺也。司馬云：棺之全一邊者，謂之禪傍。

禪傍爲棺，必有所據。尋《説文》：「楄部，方木也。《春秋傳》曰：楄部薦榦。」今傳作楄柎，杜説爲笭牀，失之。楄柎聲轉爲便房，柎之爲房，猶泭之爲方、爲舫也。《漢書·霍光傳》：「賜梓宮、便房、黄腸題湊各一具。」如淳説便房爲梗椁，略近之。服虔説爲便坐，師古説爲小曲室，並誤。便房音小變則爲禪傍，然謂全一邊則非也。

何如德之衰也。

古音如在舌頭泥母，如、乃雙聲。何如者，何乃也。

臨人以德。

自「禍重乎地」以下十句，皆言行路之事。德當依《說文》訓升也，平聲即登字。臨人以德，謂以登高臨人也。

迷陽迷陽，無傷吾行。

陽借爲場。《說文》：「場，祭神道也。」《釋宮》：「場，道也。」場聲古如唐，唐古文作啺，與陽、場皆從昜聲。《楊雄傳》：「蹂蕙圃，踐蘭唐。」已借唐爲場圃之場。《釋宮》：「廟中路謂之唐。」《詩傳》：「唐，堂塗也。」皆即場字。唐從庚聲，庚亦汎訓道路，由庚、夷庚是也。要皆場之假借，音如唐。然則道、塗、場三字雙聲而同義。迷場者猶言迷塗，故下云「無傷吾行」。若如郭訓亡陽，司馬訓伏陽，則與上下語皆不相應。

德充符

物視其所一，而不見其所喪。

物借爲無，物故即没故，可證也。無視，猶言蔑視耳。

直寓六骸，象耳目。

上言「官天地，府萬物」，官、府同物也，則寓、象亦同物。《郊祀志》：「木寓龍一駟，木寓車馬一駟。」寓即今偶像字。偶六骸，像耳目，所謂使形如槁木也。郭説寓爲逆旅，望文生訓。

子無乃稱。

乃，以雙聲借爲然。然或作蘸、作難，明古音然如難也。然者，如此也。本當云稱然，今云然稱，則倒語也。

彼何賓賓以學子爲。

俞先生曰：賓賓即頻頻。《漢書・司馬相如傳》「仁頻并閭」，顏注曰：「頻字或作賓。」是其例也。《廣雅・釋訓》：「頻頻，比也。」

通而不失於兑。

兑者，通之處。《老子》：「塞其兑。」《檀弓》亦以兑爲隧。《詩・大雅》傳：「兑，成蹊也。」又轉爲閲，堀閲、容閲，皆是也。

使日夜無卻，而與物爲春。

《説文》：「春，推也。」與物爲春者，與物相推移也。推者向前，卻者向後。日夜無卻，與物爲推，一語轉相明。

而知爲孽，約爲膠，德爲接，工爲商。

孽，借爲媒櫱之櫱。

大宗師

不謩士。

《説文》：「士，事也。」古士、事本一字。不謩士者，不謀事也。

其出不訢，其入不距。

訢借爲忻。《説文》：「忻，闓也。」《司馬法》曰：「善者忻民之善，閉民之惡。」距亦閉也，忻、距相對爲文。

是之謂不以心捐道。《釋文》：捐，郭作揖，一入反。

捐，當從郭作揖。《説文》：「揖，手箸匈也。」箸匈爲揖，引伸爲匈有所箸。不以心揖道者，不以心箸道也，所謂不訢不距，不忘不求也。

其狀義而不朋。

俞先生以義爲峨，以朋爲崩。案：義當爲本字，《公羊·桓二年傳》：「義形于色。」朋，即馮之借。《方言》：「馮，怒也。」《楚辭》曰：「康回馮怒。」亦訓盛，《楚辭》曰：「馮翼惟象。」《盜跖》篇云：「侅溺於馮气。」其作朋者，《吳語》：「奮其朋勢。」以朋爲馮，猶淜河作馮河也。義而不朋，謂義形於色，而無奮矜之容也。

崔乎其不得已乎。《釋文》：**崔，簡文云：速貌。**

崔借爲摧、讙、催。《邶風》《音義》引《韓詩》摧作讙，就也。就即蹴之省借，讙就，即今言催蹙。《說文》無讙，但作摧、催。讙乎其不得已，言蹙然如不得已也。簡文訓速貌，得之。

厲乎其似世乎。

俞先生曰：世借爲驕泰之泰。世叔作大叔，世子作大子，世室作大室，是其例。

以刑爲體者，綽乎其殺也。

綽乎其殺，文不可通。注言「雖殺而寬」，甚迂。殺當借爲察。《鄉飲酒義》「愁之以時察」，注「察或爲殺」，是其例。綽從卓聲，得借爲焯。《説文》：「焯，明也。」《周書》曰：「焯見三有俊心。」焯乎其察，猶言明乎其察也。循焯之聲類求之，又變作逴。《匡謬正俗》曰：「俗呼檢察探試謂之覆埩，當爲覆逴。逴，音敕角反。按《晉令》成帝元年四月十七日甲寅詔書云：『《火節度七條》云：火發之日，詣火所赴救。御史、蘭臺令史覆逴，有不以法，隨事録坐。』又云：『交互逴覆，有犯禁者，依制罰之。』」據此，逴即檢驗之謂。逴乎其察，義益明白。任刑法者其政察察，故曰以刑爲體者，逴乎其察也。

藏山於澤。

山不可藏諸澤，故俞先生讀山爲汕，引《小雅》「烝然汕汕」箋云：「今之撩罟也。」

神鬼神帝，生天生地。

神與生義同。《説文》：「神，天神引出萬物者也。」神鬼者，引出鬼；神帝者，引出帝。《説文》：「出，進也。象草木益滋，上出達也。」「生，進也。象草木生出土上。」是出與生同義。又《釋詁》：「神，重也。」《説文》：「傳，神也。」《大雅》「大任有身」，傳：「身，重也。」箋：「重，謂懷孕也。」《廣雅·釋詁》：「孕、重、妊、娠、身、㛗，傳也。」是神與傳聲義皆同。神、傳皆得聲於申。懷孕者生之始，義與引出亦相會。

其爲物無不將也，無不迎也。

《詩》「百兩將之」，傳：「將，送也。」《莊子》每以將、迎對文，即送迎也。

今一犯人之形。

犯字《淮南》作逢，犯、逢雙聲，借犯爲逢。

彼方且與造物者爲人。

《中庸》：「仁者，人也」，注：「人也，讀如相人偶之人。」《詩·匪風》箋：「人偶能烹魚者。」「人偶能輔周道治民者。」此爲人，亦即爲偶耳。《應帝王》云「予方將與造物者爲人」，《天運》云「丘不與化爲人」，並同斯義。

有旦宅而無情死。

旦即嬗、禪等字之借，言有易居而無實死也。

是自其所以乃。

乃，以雙聲借爲然，如此也。

且也相與吾之耳矣。

《晉語》云：「暇豫之吾吾。」吾與虞同，如騶虞亦作騶吾也。古作吾、作虞，今則作娱，言直以哭爲娱戲也。古本有《虞殯》之歌。

造適不及笑，獻笑不及排。《釋文》：崔本作「造敵不及笑，獻芥不及蠆」。

當依崔本，文義略通。

皆在鑪捶之間耳。

《知北游》篇「大馬之捶鉤者」，《釋文》云：「江東三魏之間，人皆謂鍛爲捶。」

《淮南・道應訓》注亦云：「捶，鍛擊也。」蓋捶從𠂹聲，古音如朵，歌寒對轉爲鍛。《説文》：「鍛，小冶也。」則鑪捶是一物。

應帝王

而曾二蟲之無知。

《釋詁》：「知，匹也。」《詩・檜風》「樂子之無知」，箋云：「樂其無妃匹之意。」曾二蟲之無知，言不能匹二蟲。

何問之不豫也。

俞先生曰：《釋詁》：「豫，厭也。」

女又何帠以治天下感予之心爲。

孫詒讓曰：帠即臬字，彝器作臬，何臬猶何藉。

物徹疏明。

物徹疏明四字平列，猶上言「嚮疾彊梁」也。物爲易之誤，《書》「平在朔易」，《五帝紀》作「辯在伏物」，是其例。易借爲圛，如豈弟一訓樂易，一作闓圛，是易、弟、圛三通。《詩·齊風》箋：「圛，明也。」

胥易技係。

孫詒讓曰：胥即諝，有才智也。

吾鄉示之以大沖莫勝。

《列子·黄帝》篇「莫勝」作「莫眹」。案：古音無如莫，勝從眹聲，故假莫勝爲無眹。

鯢桓之審爲淵，止水之審爲淵，流水之審爲淵。《**釋文**》：**審，崔本作潘。**

俞先生曰：崔作潘是也，當借爲潘。《説文》：「潘，大波也。」案：淵爲回水，與波成輪者相似。

紛而封哉。《釋文》：封哉，崔本作戎，云：封戎，散亂也。

封哉當依崔本作封戎，即蒙戎、尨茸也。古封字亦讀重脣。

不將不逆。

將逆猶將迎，將，送也。《説文》：「逆，迎也。」

外篇　駢拇

而離朱是已。而師曠是已。而曾史是已。而楊墨是已。

而借爲如。

而敝跬譽無用之言。《釋文》：敝，本亦作蹩。跬，郭音屑。

孫詒讓曰：郭本跬當作薛，薛俗作薩，與跬形近。蹩薛即蹩躠，《馬蹏》篇云：「蹩躠爲仁」，《南都賦》云：「蹩躠蹁躚」。案：蹩躠者，狀其譽時之形態。譽者，《説文》

云「偁也」，與舉、旟、揚三字聲義相同。

蒿目而憂世之患。《釋文》：蒿，司馬云：亂也。

蒿借爲眊，猶薹字今作耄。《説文》：「眊，目少精也。」《孟子章句》：「眊者，蒙蒙目不明之貌。」憂勞者多秏損，故令目眊。《説文》：「蔑，勞目無精也」，此之謂矣。司馬訓亂，近之。

自虞氏招仁義以撓天下也。

俞先生曰：《周語》「好盡言以招人過」，韋解：「招，舉也。」舊音曰：招音翹。招仁義者，舉仁義也。

馬蹏

翹足而陸。《釋文》：司馬云：陸，跳也。

陸訓跳者，古祇作𡗕。《說文》云：「鼀，其行𡗕𡗕。」又云：「夌，越也。從夊從𡗕。」𡗕亦跳也。

雖有義臺、路寢。《釋文》：義，一本作羲。

義、羲皆借爲巍。《說文》：「巍，高也。從嵬，委聲。」委從禾聲，與義、羲從我聲者同部，故巍巍即峨峨也。巍臺者，《周禮》有「象巍」，鄭司農云：「闕也。」《釋宮》：「觀謂之闕。」《左氏·僖五年傳》：「遂登觀臺以望，而書雲物。」是巍闕有觀臺，故曰巍臺。俞先生以儀臺爲容臺，未塙。

而馬知介倪、闉扼、鷙曼、詭銜、竊轡。

孫詒讓曰：倪即輗之借。曼即《巾車》之𧜟，《既夕》、《玉藻》之幦，《大雅》、《曲禮》之幭，車覆笭也。曼從冒聲，《玉藻》「羔幦」，《逸周書·器服》篇作「羔冒」，是其證。

縣跂仁義。

䟦借爲庪。《釋天》「祭山曰庪縣」，郭璞曰：「或庪或縣，置之於山。」此與下「踶跂」字不同。

胠篋

削格、羅落、罝罘之知多。

削借爲箾，《説文》：「箾，以竿擊人也。」格，《説文》云「木長皃」。竹竿、長木，皆所以施羅網。

在宥

聞在宥天下。

《釋詁》：「在，察也。」「覆、察，審也。」在之者，謂察之、覆之也。宥之者，《説文》

云：「宥，寬也。」

是相於技也。是相於淫也。是相於藝也。是相於疵也。

相者，相羊，猶消搖也。

上下囚殺。

囚殺即噍殺，亦即憔悴。

而百姓求竭矣。

求竭雙聲語，猶上言爛漫爲疊韻語也。求竭即膠葛，今作糾葛。《楚辭・遠游》「騎膠葛以雜亂兮」，王逸注：「參差駢錯而縱横也。」《廣雅》膠葛又訓驅馳，是有行列紛糅之意。此求竭亦同義。求與膠古同聲，《王制》「東膠」，注：「膠或作絿。」是其例。竭、葛皆從曷聲，故求竭得借爲膠葛也。《漢書・楊雄傳》：「虓虎之陳，從横膠輵。」一本作謁。葛、輵、謁、竭並同。

意甚矣哉。

意字斷句。《詩》《釋文》「噫嘻」作「意嘻」，此意亦借爲噫。

日月之光益以荒矣。

荒借爲𣈶，《説文》：「𣈶，日無色也。從日竝聲。」古音𣈶如滂，荒從亡聲，音如芒，故得相借。

贄然立。

《説文》無贄字，但作𡙇，云：「𡙇，至也，讀若摯同。一曰《虞書》『雉𡙇』。」凡訓至者，皆有底定義，故曰「𡙇然立」。

禍及止蟲。《釋文》：止蟲，崔本作正蟲。

孫詒讓曰：止當從崔本作正。《大戴記·四代》篇云「蜚征作」，《墨子·非樂》篇云「蜚鳥貞蟲」，正、征、貞同。

意毒哉。

䇘當訓厚。凡䇘、竺諸字，古音皆如毒，故身毒亦作天竺矣。願合六氣之精，以育羣生，是其意甚厚。

吐爾聰明。

俞先生曰：吐借爲杜。

倫與物忘。

倫借爲侖，《說文》：「侖，思也。」

出入無旁。

旁即方。

頌論形軀，合乎大同。

頌，《說文》云：「皃也。」此頌皃本字。論、倫等字，與類雙聲互轉，如蜦亦作蜧，綸、纇同義，皆灰諄相轉之理也。論借爲類，《説文》「類」下云：「種類相似，唯犬爲甚。」故類有似訓。「似」下云：「象也。」《廣雅・釋詁》：「類，象也。」《説文序》曰：「倉頡之初作書，蓋依類象形。」《周語》曰：「象物天地，比類物則〔二〕。」類與象本一義。頌象形軀，文義粲然明白。

天地

不拘一世之利以爲己私分。

拘與鉤同。《天運篇》「一君無所鉤用」，《釋文》云：「鉤，取也。」此拘亦訓取。

素逝而恥通於事。

逝借爲哲，同從折聲也。《説文》：「哲，知也。」

〔二〕「物」，《中華再造善本》影印宋刻宋元遞修本《國語・周語下》作「百」。

方且尊知而火馳。

孫詒讓曰：火乃𠔁之誤，《説文》：「𠔁，分也。」𠔁馳猶徧馳。《外物》篇云「火馳而不顧」，火亦𠔁之誤。

今然君子也。

然以雙聲借爲乃。《徐無鬼》篇「今也然有世俗之償焉」，《外物》篇「吾得斗升之水然活耳」，然並乃字。

無落吾事。

王念孫曰：《方言》：「露，敗也。」昭元年《左傳》云：「勿使有所壅閉湫底，以露其體。」《逸周書·皇門解》云：「自露厥家。」《管子·四時》篇云：「國家乃路。」《呂氏春秋·不屈》篇云：「士民罷潞。」露、路、潞並通。《莊子·天地》篇「無落吾事」，謂無敗吾事也。落與露聲近義同。

辯者有言曰：離堅白，若縣寓。

寓非可縣者，《左氏》言「室如縣罄」，比況語耳。司馬謂若縣室在人前，非也。縣寓者，寰宇也。《穀梁・隱元年傳》「寰内諸侯」，《釋文》：「寰，音縣，古縣字。」尋《說文》無寰，當云：寰，今縣字。記言天子之縣内，字但作縣。古文作縣寓，今字作寰宇。若寰宇者，若音同如，當借爲茹。《釋言》：「茹，度也。」度寰宇亦名家言。《墨經》曰：「宇進無近，說在敷。」《經說》曰：「偪即區。宇不可偏舉，宇也。進行者，先敷近，後敷遠。」是其義也。

執留之狗成思。

校以《應帝王》篇，思者田之誤。

豈兄堯舜之教民，溟涬然弟之哉。

孫詒讓曰：兄即今況字，謂比況也。弟乃夷之誤，夷者，平等之義。

於于以蓋衆。

《說文》：「於，古文烏。孔子曰：烏盱，逗。呼也，取其助气，故以爲烏呼。」然則於于即烏盱，盛气呼號之謂。司馬説爲夸誕，近之。

子貢卑陬失色。

卑陬即顰蹙。《説文》顰從卑聲，故卑得借爲顰。陬即趣之借，趣、蹙聲義近。

孝子操藥以修慈父。

孫詒讓曰：修借爲羞，《鄉飲酒禮》「乃羞，無算爵」，《鄉飲酒義》作「脩爵無數」，是其例。《釋詁》：「羞，進也。」

予雖有祈嚮，不可得也。

《詩·大雅》傳：「祈，報也。」《釋詁》：「祈，告也。」《釋言》：「祈，叫也。」嚮，即今鄉導字。凡鄉導主呼路徑以報告人，故謂之祈鄉。《左氏·昭十二年傳》有《祈招》，祈招者，告詔也，是因穆王欲周行天下，故諷諫者先舉鄉導爲言。祈招與祈鄉一也。《昭二十一年傳》云：「海之鹽蜃，祈望守之。」祈望猶祈鄉，鄉、望一義，祈望者，善知潮汐出没者也。

天道

知雖落天地，不自慮也。辯雖彫萬物，不自說也。

落即今包絡字。彫借爲周，《易》曰：「知周乎萬物。」魏徵《羣書治要序》曰：「雖辯周萬物，愈失司契之原。」是唐人尚知彫即周字。

一曲之人也。

一曲者，一藝也。《天下》篇亦云：「一曲之士也。」蓋曲者，《攷工記》所謂「審曲面埶」，《禮記》所謂「曲藝」。凡工必以榘爲度，榘形曲，而可以爲方。方本作匚，籀文作，即字而植立之。曲引伸爲藝，《記》言曲藝。方引伸爲技，《漢官》有尚方，《藝文志》有《方技略》。世人誤解一曲爲一隅，故具論之。

天德而出寧。

孫詒讓謂出爲士之誤，是也。德音同登，《説文》：「德，升也。」升即登之借。《公羊·隱五年傳》登來亦作得來，故德可借爲登。《釋詁》：「登，成也。」天登而土寧，所謂「地平天成」也，與下「日月照而四時行」相儷。

中心物愷。

物爲易之誤，例證見前。易愷即豈弟，《周語》、《毛傳》皆訓豈弟爲樂易。

而口闞然。注：虓豁之貌。

闞借爲凵。《説文》：「凵，張口也。」口犯切，與闞音近，注得之。

賓禮樂。

上言「退仁義」，則此賓當借爲擯。俞先生舉《達生》篇「賓於鄉里，逐於州部」爲例證，此義易知。而郭云「以情性爲主」，則是讀賓爲賓客字，何其疏也。

夫形色名聲果不足以得彼之情。

俞先生曰：不字衍。

天運

孰隆施是。

俞先生曰：隆借爲降，《書大傳》「隆谷」，鄭讀厖降之降，是其例。

孰居無事，淫樂而勸是。

淫樂之淫，借爲廞。《周禮》故書廞皆爲淫，是其例。《釋詁》：「廞、熙，興也。」興即嬹字，《説文》：「嬹，説也。」今所謂高興矣。熙即嫛字，《説文》：「嫛，説樂也。」準此則淫樂即廞樂，猶曰：孰居無事，高興爲此。

至貴國爵并焉，至富國財并焉，至顚名譽并焉。

貴、富、顚詞例同。《説文》：「顚，大頭也。」引伸得訓大，猶顒、碩皆訓大頭，而引伸訓大也。若以爲願欲字，則與貴、富詞例鉏吾矣。

文武倫經。

倫經猶經綸，《易》作經論。

一死一生，一僨一起，所常無窮。

常從向聲，當借爲向。

林樂而無形。

林借爲隆。漢避諱改「隆慮」爲「林慮」，明古隆、林音近。《説文》：「隆，豐大也。」

盛以篋衍。《釋文》：衍，李云：笥也。

衍當借爲韇。衍與建聲字相通，如餰或作鍵，是其例也。《説文》：「韇，所以戢弓矢。」蓋引伸爲凡革囊之稱。

由外入者，無主於中，聖人不隱。

隱借爲㥯，依據也。

仁義，先王之蘧廬也。注：猶傳舍也。

蘧借爲遽。《説文》：「遽，傳也。」故注訓蘧廬爲傳舍。

唯循大變無所湮者，爲能用之。

孫詒讓曰：《堯典》「於變時雝」，《孔宙碑》作「於亓時廱」，此變亦借爲弁。《書·顧命》「率循大弁」，王肅、僞孔皆訓大法，此亦同義。

黑白之朴，不足以爲辯。名譽之觀，不足以爲廣。

辯，古以爲徧字，與廣爲耦語。

不至乎孩而始誰。

誰者，誰何也。

人有心而兵有順。

順借爲訓，古字通用，不煩僂指。兵有訓，謂李法、軍符、諸教令也。

人自爲種而天下耳。

耳借爲佴，《墨經》：「佴，自作也。」言天下人皆自行其意。

刻意

無不忘也，無不有也。

忘借爲亡，古無字，與有對文。

繕性

繕性於俗，俗學以求復其初。滑欲於俗，思以求致其明。

此耦語也，俗學之俗，是賸字。

秋水

涇流之大。

徑借爲巠。《説文》：「巠，水脈也。」

人卒九州穀食之所生、舟車之所通。

俞先生曰：人卒者，大率之誤。

五帝之所連。

《説文》：「連，員連也〔二〕。」《周禮》故書輦皆爲連，連本古文輦字。五帝之所連，言五帝之所負何也。

又何以知豪末之足以定至細之倪。

倪借爲儀，《説文》：「儀，度也。」比度曰儀，度數亦曰儀，以下隨文解之。

以功觀之。則功分定矣。

《釋詁》功、質皆訓成，則功亦得訓質。以功觀之者，以質觀之也；功分者，質分也。大小在差，然非在趣，有無在質。

無拘而志，與道大蹇。《釋文》：**崔本蹇作浣，云：猶洽也。**

蹇當從崔本作浣，訓洽則非。《淮南·齊俗訓》：「視高下不差尺寸，明主弗任，而求

〔二〕「員連」，《國粹學報》本據段注作「負車」。

之乎浣準。」注：「浣準，水望之平。」案浣本作瀚，其字當借爲斡。《攷工記·㒼氏》：「旋蟲謂之幹。」幹借爲斡，可縣者曰斡，水準必縣之，《匠人》曰「水地以縣」是也。與道大浣者，與道大準也。

何少何多，是謂謝施。

謝、施義皆訓衺，謝借爲射。《攷工記·玉人》言「射」，鄭兩訓「剡出」，一訓「鉏牙」。剡出則鋭而衺，鉏牙即齟齬，齒不正也，故射得訓衺。《史記·屈原賈生列傳》「庚子日施兮」，《漢書》作「日斜」，是射、施皆謂衺也。上説「何貴何賤，是謂畔衍」，畔衍者，無邊際。此説「何少何多，是謂謝施」，謝施者，無中正。

吾以一足趻踔而行，予無如矣。今子之使萬足獨柰何。

如以雙聲借爲能，《詩》箋「能猶伽也」，是其例。能、如古同作舌頭音。此言吾使一足，猶患力不勝任，子使萬足，當以何力任之。

我諱窮久矣。

《説文》:「諱,忌也。忌,憎惡也。」

還虷蟹與科斗。《釋文》:還,音旋,司馬云:顧視也。虷音寒,一名蜎。

《釋蟲》訓蜎爲蠉,則還即蠉之假借。蠉、虷一物也,司馬訓顧視,非。

至樂

何之苦也。

何之苦也,即何其苦也。古之、其二字互訓,《攷工記》「以其一爲之厚」,即以其一爲其厚也。《左氏·定二年傳》「奪之杖以敲之」,即奪其杖以敲之也。

若果養乎,予果歡乎。

俞先生曰:養借爲恙,《釋詁》:「恙,憂也。」《邶風》「中心養養」,傳訓養爲憂,即本《雅·詁》。恙與歡相對。

達生

沈有履，竈有髻。

俞先生曰：沈借爲煁。《詩》傳：「煁，竈也。」煁有履，竈有髻，同類。

户内之煩壤。

煩壤即煩孃。《説文》：「孃，煩擾也。」謂户内煩擾處也。

器之所以疑神者。

疑借爲擬，上説「驚猶鬼神」是也。

使之鉤百而反。

百，即今阡陌之陌字。鉤陌，謂般旋陌上一周也。

工倕旋而蓋規矩。《釋文》：旋而蓋矩，司馬本矩作瞿，云：瞿，句也。

據《釋文》則無規字，郭作工倕旋而蓋矩，司馬作工倕旋而蓋瞿，讀瞿爲句，皆通。惟司馬以瞿字與下指字連讀，云「覆蓋其句指」，則非。瞿當讀倨句之句。旋借爲圓，《說文》：「圓，規也。」似沇切，音與旋近。蓋借爲割，《釋言》：「蓋、割，裂也。」舍人本蓋作害。《尚書》通以割爲害，《呂刑》「鰥寡無蓋」，又以蓋爲害，明蓋、割相通。圓而割矩者，規畫圓形，割之成矩，又割矩以成觚，劉徽割圓之術判爲九十六觚，是其術也。圓而割句者，近世程瑶田說《車人》倨句度法，以爲不及矩爲句，過矩爲倨。其法先規作圓形，判爲四矩，半矩謂之宣，一宣有半謂之欘，一欘有半謂之柯，一矩有半謂之磬折。柯與磬折皆倨，宣與欘皆句。割矩爲欘，已句矣，又割欘爲宣，是爲割句矣。故郭作矩，司馬作瞿，皆通；而沾規字者，誤也。

山木

儻乎其怠疑。注：無所趣也。

《士昏禮》言「疑立」,《詩》傳疑訓定,《司馬相如傳》「佁儗」,張揖訓爲不前。此怠疑即佁儗,注得其義。

吾犯此數患。

犯借爲逢,與《大宗師》篇「犯人之形」同例。

攬蔓其枝。

蔓借爲曼,《説文》:「曼,引也。」

天地之行也,運物之泄也。

天地之行,運物之泄,耦語也。運借爲員,《越語》「廣運」,《西山經》作「廣員」,是其例。《説文》:「員,物數也。」員物猶言品物。泄與動義近,《韓非・揚搉》篇:「根榦不革,則動泄不失矣。」泄亦動也。

目大運寸。

孫詒讓説：運，亦廣也。《越語》：「廣運百里。」

田子方

從容一若龍，一若虎。

王念孫説：從容猶動容，《楚辭》：「孰知余之從容。」

無器而民滔乎前。

滔借爲舀。舀者當就器，無器而民舀乎前，與上説「不言而信，不比而周」同意。《説文》：「舀，抒臼也。」「抒，挹也。」「挹，抒也。」《山木》篇云：「弟子無挹於前。」舀乎前，即挹於前也。

孔子便而待之。

便借爲屏，《漢書·張敞傳》「自以便面拊馬」，師古曰：「便面所以障面，蓋扇之類也，亦曰屏面。」便、屏一聲之轉，故屏或作便。《説文》：「屏，屏蔽也。」老聃方被髮，不可直入相見，故屏隱於門下而待之。

嘗爲女議乎其將。

《釋言》：「將，齊也。」郭璞曰：「謂分齊也。」《小雅》「或肆或將」，傳曰：「將，齊也。」王肅曰：「分齊其肉所當用。」分齊即分劑，分賦之曰分劑，言其所分劑之度數亦曰分劑。分字今音有平去，古無別也。嘗爲女議乎其將者，嘗爲女説其大劑也，猶《知北游》篇云：「將爲女言其崖略耳。」將聲與牄亦通，《藝文志》曰：「庶得麤牄。」師古曰：「牄，粗略也。」凡言其大劑者，必不能委細，故將、牄聲義通矣。

偏令無出。

偏借爲辯，若辯借爲偏矣。《説文》：「辯，治也。」治亂字本辭之假借。辯令者，治令也，亦辭令也。

則列士壞植散羣。

植借爲戠。殖或作職。《攷工記》注「樴讀爲脜」，是其例也。《易》言「朋盍戠」，虞氏曰：「戠，叢合也。」壞戠、散羣同意，皆謂解散朋黨也。

知北游

女瞳焉如新生之犢。

瞳借爲童昏之童，相承亦作侗。

無門無房，四達之皇皇也。

皇皇者，堂皇也。《漢書·胡建傳》「列坐堂皇上」，師古曰：「室無四壁曰皇。」故此言四達，又言無门無房。皇本字作廣，《説文》：「廣，殿之大屋也。」《釋宮》：「無室曰榭。」李巡云：「但有大殿。」郭璞云：「即今堂皇。」是堂皇即殿。《郊祀歌》：「大朱涂廣，夷石爲堂。」廣與堂爲儷語，言以朱涂殿屋也。

明見無值。

值借爲直。《説文》：「直，正見也。」明見無直者，以不見爲明見也。

天知予僻陋慢訑。

慢借爲謾。《説文》謾、詑皆訓欺。訑即詑之今字。

無問問之，是問窮也。注：所謂責空。

窮借爲空。《小雅》「不宜空我師」，傳：「空，窮也。」窮、空聲相似，故得互借，窮乏亦作空乏，是其例也。注以責空解之，深合故訓。

君子之人，若儒墨者師，故以是非相整也，而況今之人乎？

儒墨者師，師字斷。者，猶儒家者流、墨家者流之者。言儒墨之師，故以是非相整，而況今之人乎。故與今對文，整讀爲排擠之擠。

雜篇　庚桑楚

抱女生。

俞先生曰：抱，保也。

人謂我朱愚。

王念孫説：《淮南·齊俗訓》「其兵戈銖而無刃」，注：「楚人謂刃頓爲銖。」此朱愚即銖愚。案：銖、朱並假借字，《説文》本作錭，云「鈍也」。音變爲銖、爲朱，猶侏儒爲周饒矣。

相與交食乎地，而交樂乎天。

俞先生曰：《徐無鬼》篇云「吾與之邀樂於天，吾與之邀食於地」，與此文異義同。交即邀也，文二年《左傳》「寡君願徼福於周公、魯公」，語意正相似。作交者假借字，《詩·桑扈》篇「彼交匪傲」，《五行志》作「匪儌匪傲」，即其例矣。

與物窮者，物入焉。與物且者，其身之不能容，焉能容人。

窮借爲空，例證見前。且借爲阻，《大射儀》「且左還」，古文且爲阻。則亦可借且爲阻。且本古俎字，《書》「黎民俎飢」，鄭讀俎爲阻，是其例也。空故可入，阻故不能容。

有所出而無竅者有實。

有實二字，涉下「有實」而衍。郭、陸皆不能正。

昭景也，箸戴也；甲氏也，箸封也：非一也。

籀文戴作𢦔，從弋聲，則戴可借爲代。《冠義》：「適子冠於阼，以箸代也。」此箸代義亦同。昭、景者，以謚爲氏，所以箸代。甲氏者，以邑爲氏，所以箸封。雖同是公族，其氏非一也。

臘者之有膍胲，可散而不可散也。《釋文》：膍，司馬云：牛百葉也。胲，足大指也。

孫詒讓曰：《禮經》載脅體之法，皆去蹏，無升足指之理。胲當爲胘之誤，《説文》膍、胘同訓牛百葉。散者，《説文》云：「雜肉也。」膍胘即《周禮・醢人》之脾析，不雜他肉，故云不可散。

徹志之勃，解心之謬。《釋文》：勃，本又作悖。

作悖者，與謬同意，然文當從勃爲故書。

道者，德之欽也。

欽借爲堪。《大宗師》篇「堪坏」，《淮南》作「欽負」，是其相通之證。《説文》：「堪，地突也。」引伸訓載。道本由道路引伸，故喻之以地突。

出怒不怒，則怒出於不怒矣。出爲無爲，則爲出於無爲矣。

此怒與上「侮之而不怒」異訓。《方言》：「薄，勉也。秦、晉曰薄，故其鄙語曰薄努，猶勉努也。」《説文》無努，《廣雅・釋詁》直云：「怒，勉也。」勉與爲義近，《爾雅》食訓僞，即爲。《方言》食訓勸，《說文》：「勸，勉也。」是其例。

徐無鬼

成固有伐。

伐與敗同。《說文》：「伐，一曰敗也。」劉昌宗音《周禮》，《大司馬》、《大行人》、《輈人》伐字爲房廢反，是即讀伐如敗也。成固有敗，言有成者必有敗也。

君亦必無盛鶴列於麗譙之間。《釋文》：譙，本亦作嶕。司馬、郭、李皆云：麗譙，樓觀名也。案，謂華麗而嶕嶢。

《漢書·陳勝傳》「獨守丞與戰譙門中」，師古曰：「譙亦呼爲巢。」《趙充國傳》「爲壍壘木樵」，師古曰：「樵與譙同。」則譙爲樓觀固也，然非嶕嶢之義。麗亦非華麗之義，《易》云：「離，麗也。」古音麗與離同。《說文》：「誃，離別也。」誃即離別之本字，是古音麗、離、誃同。《說文》言「周景王作雒陽誃臺」，字變亦作簃。《釋宮》：「連謂之簃。」郭璞曰：「堂樓閣邊小屋，今呼之簃廚、連觀也。」簃今音雖作丈知反，然連、簃二字，本以雙聲轉變，則簃古本音離。此麗即簃，故爲樓觀。以形聲相貫言之，《説文》云：「廔，屋麗廔也。」麗廔故謂之簃樓。麗廔猶離婁，高明疏爽，非華麗之義。

且方與我以辯。

與，當也，亦敵也。《左氏·襄二十五年傳》曰「一與一」，《天下》篇惠施「日以其知，與人之辯」，亦同。

郢人堊慢其鼻端若蠅翼。《釋文》：慢本亦作漫，李云：猶塗也。

慢借爲槾。《説文》：「槾，杇也。」「杇，所以塗也。」故李訓慢爲塗。

上且鉤乎君，下且逆乎民。

鉤亦逆也。《説文》「亅」下云：「鉤逆者謂之亅。」凡言鉤距者，亦有逆義。

上忘而下畔。

畔即今伴字，《説文》作扶，云「並行也」。《唐韻》薄旱切。下扶則不逆乎民，與鮑叔牙異矣。《則陽》篇：「是自埋於民，自臧於畔。」畔亦扶之借字。

孫叔敖甘寢秉羽，而郢人投兵。

叔敖封寢丘，事見《吕覽·異寶》篇。《吕覽》云「寢之丘，地不利而名甚惡」，又云孫叔敖「知以人之所惡，爲己之所喜」，是以云甘寢爾。甘，猶喜也。司馬以爲安寢恬臥，恬臥時豈可秉羽邪？曹參醇酒，汲黯臥治，亦非前世密勿之風也。楚莊王之箴民曰「民生在勤」，是時蔿敖爲宰，安得恬臥以趣怠惰？

而梱祥邪，盡於酒肉，入於鼻口矣，而何足以知其所自來。

上而字借爲若，如也；下而字借爲若，女也。

且假夫禽貪者器。

禽借爲廞，同得聲於今也。《周禮》故書以淫爲廞，《説文》：「廞讀若歆。」《樂記》「聲淫及商」，注：「淫，貪也。」《楚語》韋解：「歆，猶貪也。」是禽、貪二字一義。

古字假借亦作仏。《説文》：「仏讀若欽崟。」《漢書・楊雄傳》「纍既仏夫傅説兮」，晉灼曰：「仏，慕也。」（宋祁曰：姚本仏作𠔁，案𠔁是師古本，故師古曰「古攀字」，晉灼則作仏。）慕，亦貪也。

是以一人之斷制利天下，譬之猶一覕也。注：覕，割也。萬物萬形，而以一劑割之，則有傷也。

郭以覕爲𠨘之借。《説文》：「𠨘，宰之也。」宰、割同義。凡字多從聲得訓，𠨘從必聲，必從八聲，《説文》：「八，別也。」「必，分極也。」由分別義，故𠨘亦訓割。然此恐是班固以來相承舊訓，非郭所能知也。司馬以暫見爲説，與斷制之文不相應。

奎蹏曲隈。

《説文》：「奎，兩髀之間。」

故目之於明也殆，耳之於聰也殆，心之於殉也殆。

明、聰、殉，詞例同。《説文》無殉字，但作㣔，今字作徇，此假借爲侚也。《説文》：「侚，疾也。」《史記・五帝本紀》、《素問・上古天真論》皆云「幼而徇齊」，《大戴禮》作「叡齊」，亦作「慧齊」。心之於侚也，即心之於侚也，亦即心之於慧也。目用在明，耳用在聰，心用在慧。《知北游》篇云：「思慮恂達，耳目聰明。」恂亦即徇齊字。

則陽

與物無終無始，無幾無時。

《小雅》「如幾如式」，傳：「幾，期也。」《左氏·定元年傳》「易幾而哭」，杜解：「幾，哭會也。」會亦期也。無幾無時者，無期無時。

未始有始，未始有物。

始、物相對爲文，猶上天、人相對爲文也。物即物故之物，正當作歾。《說文》：「歾，終也。」始、終語相對。

與世偕行而不替，所行之備而不洫。

《說文》：「替，廢，一偏下也。」偏廢與偕行正相反。洫借爲卹，《說文》：「卹，一曰鮮少也。」卹、媨、鮮雙聲同義。鮮少與備亦正相反。

遁其天，離其性，滅其情，亡其神，以衆爲。

《鄉射禮》「主人以賓揖」，注：「以，猶與也。」《書》「平秩南僞」，依段氏訂。枚傳：「僞，化也。」以、與雙聲，爲、化同部。以衆爲者，與衆化也。此謂遁天離性，滅情亡神矣。

竝潰漏發，不擇所出。

竝借爲旁，漢人言竝海、竝河，竝皆借爲傍字，是其例也。

見辜人焉，推而强之。《釋文》：强字亦作彊。

俞先生曰：辜謂辜磔也。《周官·掌戮》注：「辜謂磔之。」《漢書·景帝紀》注：「磔，謂張其尸也。」張尸，故得推而彊之，彊借爲僵。

可不謂大疑乎？

疑借爲癡。《説文》:「癡,不慧也,從疒疑聲。」

史鰌奉御而進,所搏弊而扶翼。

此與同浴分爲兩事,上事自謂無禮,此事自謂敬賢,非二事同時也。靈公妻妾同浴,史鰌豈得闌入?所搏弊而扶翼,當爲一句。搏借爲簙,弊即蔽也,《楚辭》「菎蔽象棊,有六簙些」,王逸曰:「蔽,簙箸。」《墨子·號令》篇曰:「無敢有樂器、弊騏軍中,有則其罪射。」弊騏即菎蔽之蔽、象棊之棊也。所借爲處、爲御、爲户,皆訓爲止。此謂簙弈時適值史鰌進御,乃急止簙而下扶之,是所以爲肅賢人也。

陰陽相照,相蓋相治。

俞先生曰:蓋借爲害。《釋言》:「蓋、割,裂也。」舍人本蓋作害,是蓋、害古字通。陰陽或相害,或相治,猶下云「四時相代,相生相殺」也。

欲惡去就,於是橋起。

《釋木》:「上句曰喬。」橋起即喬起。

外物

夫揭竿累。《釋文》：累，本亦作纍，司馬云：綸也。

累本纍之俗省，當從別本。《説文》：「纍，一曰大索也。」故司馬訓綸。

末僂而後耳。《釋文》：末僂，李云：末，上，謂頭前也，又謂背脅也。

孫詒讓曰：《説文》：「周公韈僂，或言背僂。」韈僂即末僂，是許以末爲背也。《淮南・地形訓》「其人面末僂脩頸」，高注云：「末，脊也。」李後義正同。

惠以歡爲鰲，終身之醜。

惠爲發聲詞。《左氏・襄二十六年傳》「寺人惠牆伊戾」，服虔曰：「惠、伊皆發聲。」是古語有以惠爲發聲者也。

聖人躊躇以興事，以每成功。

《小雅》「每懷靡及」，《魯語》説之曰「懷和爲每懷」，鄭君讀和爲私。《漢書·賈誼傳》：「品庶每生。」然則每成功者，猶求成功耳。每與謀聲義亦相近，古文謀作㚵。

箕圓五尺。

孫詒讓曰：箕本其字，圓即員字。《西山經》「廣員百里」，《越語》「廣運百里」，《山木》篇「目大運寸」，員、運皆廣也。案：孫説是也。《商頌》「景員維河」，傳云：「景，大。員，均也。」「幅隕既長」，傳云：「幅，廣。隕，均也。」幅、隕同義，皆廣也，景員亦謂大廣。傳訓均者，《説文》云：「均，平徧也。」平徧即廣之義。又《説文》：「軍，圜圍也。」圍即囗字，《説文》：「囗，回也，象回帀之形。」「回，轉也。」「轉，運也。」是則軍、運聲義皆相近，而運又訓廣。員既與圓同音，乃復訓廣。蓋古語廣與圓名多相同，當隨事解之。

嬰兒生無石師而能言。《釋文》：石者，匠名也。

匠石、石師，蓋皆借爲碩字。碩者大頭，猶首領也。

靜然可以補病。

然或體作蘸，是古然音同難。此然字當借爲儺，《詩·衛風》傳：「儺，行有節度也。」

寓言

夫受才乎大本，復靈以生。

孫詒讓曰：復借爲腹，腹靈，猶言含靈也。案：孫説未諦。復從畗聲，《説文》：「畗讀若伏。」是復可借爲伏。褚先生補《龜策列傳》曰：「下有伏靈，上有兔絲。所謂伏靈者，在兔絲之下，掘取之，入四尺至七尺，得矣。伏靈者，千歲松根也。」是此草所以名伏靈者，以其受才乎大本。凡受才大本者，皆伏藏靈气於内，草所受才之大本，則松根也；人所受才之大本，則天地根也。今人但知伏靈爲藥草專名，不解其所從得義，由是《莊子》所言復靈，不可解矣。

若參者可謂無所縣其罪乎？

此罪乃罪罟之罪，非辠之借字也。《説文》：「罪，捕魚竹罔也。」無所縣其罪，猶云無所絓其罔耳。以利禄比罔羅，或比之于羈絆纓紼，皆恒語也。郭不悟罪爲罪罟本字，乃云無係禄之罪，詰詘甚矣。

地有人據。

人借爲夷。《海内西經》夷羿作仁羿。古文仁、夷皆作尸，故得相通，脂真亦相轉也。夷可借仁爲之，亦可借人爲之。據借爲勮，《説文》：「勮，務也。」「務，趣也。」「趣，疾走也。」是勮有急促義，與平夷相對。地有夷勮，猶言地有夷險，地有難易耳。

讓王

民相連而從之。《釋文》：司馬云：連讀曰輦。

連，本古文輦字。司馬猶知其本。

顔色腫噲。

噲當讀爲殨。《説文》：「殨，爛也。」噲、殨相通，猶繪、繢互用矣。

無壽類矣。

壽借爲疇，言殃及子孫。漢人多作噍類，噍亦疇字，子孫相繼，稱疇人、疇官。

天寒既至。

俞先生曰：天當作大，《魯語》曰：「大寒降。」

又欲以其辱行漫我。

漫，正當作槾，《説文》無漫。槾我者，塗汙我也。

時祀盡敬，而不祈喜。

俞先生曰：喜即禧。《釋詁》：「禧，福也。」《吕氏·誠廉》篇作：「時祀盡敬，而不祈福。」

若伯夷、叔齊者，其於富貴也，苟可得已，則必不賴。

《方言》：「賴，取也。」

盜跖

穴室樞户。《釋文》：樞，徐苦溝反。

孫詒讓曰：樞字，徐當作摳。殷敬順《列子釋文》云：「摳，探也。」

多辭繆説。

繆猶繁也。《庚桑楚》篇曰：「外韄者不可繁而捉，内韄者不可繆而捉。」《説文》：「繆，枲之十絜也。」故引伸得爲繁，繁説與多辭同意。今人以繆爲亂，而繁亦可訓亂，皆最後引伸之義，非此繆説之訓也。

子之罪大極重。

俞先生曰：極，借爲殛。《釋言》：「殛，誅也。」《書》、《左傳》殛字，《釋文》並曰：「殛，本作極。」罪大殛重，言罪大而誅重也。

脣如激丹。《釋文》：激，司馬云：明也。

激借爲敫。《説文》：「敫，光景流也。讀若龠。」故司馬訓明。

此患上無以爲身，下無以爲人。

患讀爲貫。《大雅》「串夷載路」，《釋文》：「串，古患反，一本作患。」是串、患通。串即毌字，今通作貫。《釋詁》：「貫，事也。」此貫者，此事也，即指前所説「脩文武之道，掌天下之辯」等。下言「子之道」，「子之道」，即此貫也。

今謂臧聚曰。《釋文》：臧聚，司馬云：謂臧獲盜濫竊聚之人。

司馬以臧爲臧獲，是也；謂聚爲盜濫竊聚之人，則非。孫詒讓曰：聚，當讀爲騶。《説文》：「騶，廏御也。」《周禮·趣馬》鄭注：「趣，養馬者也。」《楚語》説齊有「騶馬繻」，《月令》「七騶」，鄭注亦謂即趣馬。趣、聚同從取得聲，古字通用。聚與臧皆僕隸賤役，故竝舉之。

堯舜爲帝而雍。

孫詒讓曰：雍者推之誤。《漢書·田千秋傳贊》「劉子推」，《鹽鐵論·雜論》篇推作雍，是其例。推謂推位於善卷、許由。

貪財而取慰。

《詩·小雅》傳：「慰，怨也。」貪財而取慰，猶言「放於利而行，多怨」。

内周樓疏。

疏正作㾷，《説文》：「㾷，門户青疏窻也。」「古詩」曰「交疏結綺窻」，所以穿孔如交綺者，本由防盜。《釋名》：「樓，謂牖户之間，有射孔慺慺然也。」射孔正防盜之具。其周帀室外者，重言則曰儲胥。《甘泉賦》「儲胥弩阹」，《長楊賦》：「木雝槍纍，以爲儲胥」，胥與㾷同從疋聲，胥亦㾷也。若《天官書》言「亢爲疏廟」，則寢廟亦有㾷。此蓋因襲爲之，《楚辭》言靈瑣，漢有青瑣，胥象是也。

説劍

今日試使士敦劍。

俞先生曰：《詩・魯頌》「敦商之旅」，箋云：「敦，治也。」敦劍者，治劍也。

漁父

嗚呼遠哉，其分於道也。

《説文》：「異，分也。」則分亦異也。

擅相攘伐，以賤民人。

成玄英本賤作殘，訓當從之。文則作賤爲故書。

非其事而事之，謂之總。

總借爲傯。《地官·廛人》「掌斂市總布」，《肆長》「斂其總布」，杜子春皆云：「總當爲傯。」古音東談相轉也。《曲禮》：「長者不及，毋傯言。」是傯者，不應豫而豫之也。

兩容頰適。

頰從夾聲，夾之平聲爲兼，器有并夾，猶并兼也。此頰則借爲兼。

變更易常，以挂功名，謂之叨。

挂從圭聲，與卦畫本同字。《説文》：「挂，畫也。」畫引伸爲謀畫，與圖本訓謀而引伸爲畫圖反覆相明。規與營亦謂畫圓，引伸爲規畫、爲營求，皆同意。挂功名者，圖功名也，規畫功名也。

列御寇

形諜成光。

孫詒讓曰：諜借爲渫，謂形宣渫於外，有光儀也。

不離苞苴、竿牘。《釋文》：竿，司馬云：謂竹簡爲書。

竿本借爲簡字，古干聲、間聲相通。《聘禮·記》「皮馬相間」，古文間作干；《小雅》「秩秩斯干」，傳以干爲澗，是其例。

宵人之離外刑者。

俞先生曰：宵人，猶小人也。《學記》「宵雅」，注：「宵之言小也。」然則宵人爲小人。

故有貌愿而益。有堅而縵。有緩而釬。

俞先生曰：益當作溢，溢之言驕溢也，《荀子·不苟》篇「以驕溢人」是也。縵者，慢之借字。釬者，悍之借字。

如而夫者。

而，女也。而夫，即女夫。《左氏·昭六年傳》：「左師曰：女夫也必亡。」此輕賤語。《莊子》言而夫，亦必有所指斥矣。

達生之情者傀，達於知者肖。

《説文》：「傀，偉也。《周禮》曰：大傀異災。」魁梧亦此傀字。《方言》：「肖，小也。」傀爲大，肖爲小，此皆昔人所證知也。然肖本有小義，非借聲爲小。《老子》曰：「天下皆謂我道大，似不肖。夫唯大，故似不肖。若肖，久矣其細也夫。」是則肖者所以致小，傀爲傀異，與肖似相反，亦其所以爲大也。

天下

配神明，醇天地。

醇借爲準，《地官·質人》「壹其淳制」，《釋文》「淳音準」，是其例。《易》曰：「易與天地準。」配神明，準天地，二句同意。

天下多得一察焉以自好。

王念孫以一察連讀。俞先生曰：察即際，《廣雅》際、邊並訓方，是際與邊同義。一際，猶一邊也。

猶有家衆技也。

成玄英本有作百，孫詒讓從之。

已之大順。

順借爲蹖。蹖者，舛之或字，俗亦作僢。順從川聲，《説文》「首」下云：「川象髮，謂之鬊，鬊即川也。」是古字借川爲鬊，明川聲、春聲通，故順得借爲蹖。上説爲之大過，謂沐雨櫛風，日夜不休也。此説已之大蹖，謂節葬非樂，反天下之心也。

又好學而博，不異，不與先王同。

又好學而博爲句，不異爲句，不與先王同爲句。言墨子既不苟於立異，亦不一切從同。不異者，尊天、敬鬼、尚儉，皆清廟之守所有事也；不同者，節葬、非樂，非古制本然也。

未敗墨子道。

未借爲非，敗即伐字，例證見前。言己非攻伐墨子之道也。

而九雜天下之川。《釋文》：九，本亦作鳩，聚也。

九當從别本鳩字之義，然作九者是故書。雜借爲集。

不苛於人。

苛者，苛之誤。《説文》言「苛之字止句」，是漢時俗書，苛苛相亂；下言「苛察，一本作句」，亦其例也。

語心之容，命之曰心之行。

容借爲欲，同從谷聲，東侯對轉也。《樂記》「感於物而動，性之欲也」，《樂書》作「性之頌也」。頌、容古今字，頌借爲欲，故容亦借爲欲。《荀子·正論》篇：「子宋子曰：人之情欲寡，而皆以己之情欲爲多。」是宋銒語心之欲之事。

以聏合驩。《釋文》：聏，崔音而，郭音餌。崔、郭、王云：和也。

聏，借爲而。《釋名》：「餌，而也，相黏而也。」是古語訓而爲黏，其本字則當作暱，暱或作昵。《左氏傳》「不暱」，《説文》引作「不𥝩」。「𥝩，黏也。」相親暱者，本有黏合之意，故此言以而合驩，亦即以暱合驩也。《説文》：「暱，日近也。」古音而如耐，暱亦作舌頭音，同部、同紐相借也。諸言不相能者，古音而、能皆如耐，不相能謂不相黏而也。

請欲固置五升之飯足矣。

固，借爲姑。

圖傲乎救世之士哉。

圖，當爲啚之誤。啚，即鄙陋、鄙夷之本字。啚傲，猶今言鄙夷耳。

將薄知而後鄰傷之者也。

孫詒讓曰：《攷工記·鮑人》「雖敝不甐」，故書甐或作鄰，此鄰亦同。

椎拍輐斷。

輐斷，借爲刓剸。《説文》：「刓，剸也。」下言「魭斷」，亦同此讀。

其行身也，徐而不費。

徐讀爲餘，同從余聲也。《左氏·文元年傳》「歸餘於終」，《歷書》作「歸邪於終」；《邶風》「其虚其邪」，《釋訓》作「其虚其徐」，是徐、邪、餘三通。餘而不費者，《老子》云：「治人事天莫若嗇。」譏之者乃云積斂無崖矣。

厤物之意。

厤即巧歷之歷，數也。意者，《禮運》云「非意之也」，注：「意，心所無慮也。」《廣雅·釋訓》：「無慮，都凡也。」在心計其都凡曰意，在物之都凡亦曰意，歷物之意者，陳數萬物之大凡也。

天與地卑，山與澤平。

孫詒讓曰：卑與比通。《荀子·不苟》篇：「山淵平，天地比。」《廣雅·釋詁》：「比，近也。」

丁子有尾。《釋文》：李云：丁、子二字左行曲波，亦是尾也。

大、小篆丁、子皆非有左行曲波，李説非也。或言丁子即科斗，説亦無據。洪頤煊以爲孑孓之誤，皆無義。丁子，蓋頂趾之借。頂趾與尾本殊體，而云頂趾有尾，猶云「白狗黑」、「犬可以爲羊」耳。

此其柢也。

俞先生曰：柢即氐。《秦始皇本紀》「大氐盡畔秦吏」，《正義》曰：「氐，猶略也。」此其氐也，猶云此其略也。

齊物論釋

齊物論釋序

昔者蒼姬訖録，世道交喪，姦雄結軌於千里，烝民塗炭於九隅。其唯莊生，覽聖知之禍，抗浮雲之情，蓋齊稷下先生三千餘人，孟子、孫卿、慎到、尹文皆在，而莊生不過焉。以爲隱居不可以利物，故託抱關之賤；南面不可以止盜，故辭楚相之禄；止足不可以無待，故泯死生之分；兼愛不可以宜眾，故建自取之辯；常道不可以致遠，故存造微之談。維綱所寄，其唯《消揺》、《齊物》二篇，則非世俗所云自在平等也。體非形器，故自在而無對；理絶名言，故平等而咸適。《齊物》文旨，華妙難知，魏晉以下，解者亦眾，既少綜覈之用，乃多似象之辭。夫其所以括囊夷惠，炊纍周召，等臭味於方外，致酸鹹於儒史，曠乎未有聞焉。作論者其有憂患乎？遠覩萬世之後，必有人與人相食者，而今適其會也。文王明夷，則主可知矣；仲尼旅人，則國可知矣。雖無昔人之睿，依於當仁，潤色微文，亦何多讓。執此大象，遂以臚言，儒墨諸流，既有商榷；大小二乘，猶多取攜。夫然，義有相徵，非傅會而然也。往者僧肇、道生，摭内以明外；法藏、澄觀，陰盜而陽憎。

宋世諸儒或云佛典多竊老、莊，此固未明華梵殊言之理。至於法藏、澄觀，竊取莊義，以説《華嚴》，其迹自不可掩。自澄觀至於宗密，乃復剽剥老、莊，其所引據，多是天師道士之言，而以誣汙前哲，其見下於生、肇遠矣。然則拘教者以異門致釁，達觀者以同出覽玄。且《周髀》、《墨經》，本乎此域，解者猶引大秦之算，何者？一致百慮，則胡越同情；得意忘言，而符契自合。今之所述，類例同兹。《詩》曰：「受小球大球，爲下國綴游。」洛唯先生，其足以與此哉。章炳麟序。

齊物論釋

齊物者，一往平等之談，詳其實義，非獨等視有情，無所優劣，蓋離言説相，離名字相，離心緣相，畢竟平等，乃合《齊物》之義。次即《般若》所云字平等性，語平等性也。其文皆破名家之執，而亦兼空見相，如是乃得蕩然無閡。若其情存彼此，智有是非，雖復汎愛兼利，人我畢足，封畛已分，乃奚齊之有哉。然則兼愛爲大迂之談，偃兵則造兵之本，豈虚言邪？夫託上神以爲禰，順帝則以游心，愛且暫兼，兵亦苟偃。然其繩墨所出，斠然有量，工宰之用，依乎巫師。苟人各有心，拂其條教，雖踐屍喋血，猶曰秉之天討也。夫然，兼愛酷於仁義，仁義憯於法律，較然明矣。齊其不齊，下士之鄙執；不齊而齊，上哲之玄談。自非滌除名相，其孰能與於此。老聃曰：「僨驕而不可係者，其唯人心乎。」人心所起，無過相、名、分別三事。名映一切，執取轉深。是故以名遣名，斯爲至妙。《瑜伽師地論》三十六曰：「云何名爲四種尋思？一者名尋思，謂於名唯見名；二者事尋思，謂於事唯見事；三者自性假立尋思，謂於自性假立唯見自性假立；四者差別假立尋思，謂於差别假立唯見差别假立。此諸菩薩，於彼名事，或離相觀，或合相觀，依止名事合相觀故，通達二種自性假立、差别假立。云何名爲四如實智？一者名尋思所引如實智，謂於名尋思唯有名已，即於此名〔一〕，如實了知，謂如是名，爲如是義，於事假立，爲令世間起想、起見、起言説故。若於一切色等想事，不假建立色等名者，無有能於色等想事起色等想；若無有想，則無有能起增益執；若無有執，則無言説。若能如是如實了知，是名名尋思所引如實智。二者事尋思所引如實智，謂於事尋思唯有事已，觀見一切色等想事性離言説，不可言説〔二〕，若能如是如實了知，是名事尋思所引如實智。三者自性假立尋思所引如實智，謂於自性假立尋思唯有自性假立已，如實通達了知色等想事中，所有自性假立非彼事自性，而似彼事自性顯現，又能了知彼事自性，猶如變化、影像、響應、光影、水月、燄火〔三〕、夢幻，相似顯現而非彼體。若能如是如實了知最甚深義所行境界，是名自性假立尋思所引如實智。四者差别假立尋思所引如實智，謂於差别假立尋思唯有差别假立已，如實通達了知色等想事中，差别假立不二之義。謂彼諸事非有性，

〔一〕「名」，原缺，據定本及《瑜伽師地論》卷三十六《本地分中菩薩地第十五初持瑜伽處真實義品第四》補。
〔二〕「不可言説」，原缺，據《瑜伽師地論》卷三十六《本地分中菩薩地第十五初持瑜伽處真實義品第四》補。
〔三〕「燄火」，《瑜伽師地論》卷三十六《本地分中菩薩地第十五初持瑜伽處真實義品第四》作「燄水」。

非無性，可言説性不成實，故非有性；離言説性實成立，故非無性。如是由勝義諦故非有色，於中無有諸色法故；由世俗諦故非無色，於中説有諸色法故。如有性無性、有色無色，如是有見、無見等差别假立門，由如是道理一切皆應了知。若能如是如實了知差别假立不二之義，是名差别假立尋思所引如實智。」此論「言非吹也，言者有言」，即於名唯見名也。「以指喻指之非指，不若以非指喻指之非指也；以馬喻馬之非馬，不若以非馬喻馬之非馬也」，即無執則無言説也。「既已爲一矣，且得有言乎」，即於事唯見事，亦即性離言説也。「隨其成心而師之，誰獨且無師乎」，即於自性假立唯見自性假立也。「未成乎心而有是非，是以無有爲有」，即彼事自性相似顯現，而非彼體也。「有有也者，有無也者，有未始有無也者，有未始有夫未始有無也者」，即於差别假立唯見差别假立也。「俄而有無矣，而未知有無之果孰有孰無也」，即可言説性非有，離言説性非無也。此徒舉其一例，華文深旨，契此者多，别於當句解説。

夫以論破論，即論非齊。所以者何？有立破故。方謂之齊，已與齊反。所以者何？遮不齊故。是故《寓言》篇云：「不言則齊，齊與言不齊，言與齊不齊也。」《大般若經》四百七十八云：「若於是處，都無有性，亦無無性，亦不可説爲平等性，如是乃名法平等性。當知法平等性既不可説，亦不可知。除平等性，無法可得。離一切法，無平等性。」又云：「非一切法平等性中有戲論，若離戲論，乃可名爲法平等性。」此義正會《寓言》之旨。徒以迹存導化，非言不顯，而言説有還滅性，故因言以寄實，即彼所云「言無言，終身言，未嘗言；終身不言，未嘗不言」。《大乘入楞伽經》云：「我經中説，我與諸佛菩薩不説一字，不答一字。所以者何？一切諸法離文字故，非不隨義而分別説。」是與《寓言》所説，亦如符契。

夫能上悟唯識，廣利有情，域中故籍，莫善於《齊物論》。《天下》篇云：「内聖外王之道，鬱而不發。」爾則莊生箸書，非徒南面之術。蓋名家出於禮官，而惠施去尊；道家本以宰世，而莊周殘法，非與舊術相戾，故是捨局就通耳。老聃但説「民多利器，國家滋昏」，而猶未説聖人經國，復是天下利器，故國多利器，民亦滋昏也。老聃但説「人之所教，我亦教之，强梁者不得其死，吾將以爲教父」，唯是政教分離之説，而猶未説「九洛之法，監照下土，此謂上皇」。其説出乎巫咸，乃因天運地處、日月雲雨之故，不可猝知，而起大禹、箕子之疇，則以之塗民耳目而取神器也。夫然，有君爲不得已，故其極至于無王；有聖或以利盜，故廓然未嘗立聖。論中言聖人者，但是隨俗之名。終舉世法差違，俗有都野，野者自安其陋，都者得意于嫺，兩不相傷，乃爲平等。小智自私，横欲以己之嫺，奪人之陋，殺人劫賄，行若封豨，而反崇飾徽音，辭有枝葉，斯所以設堯伐三子之問。下觀晚世，如應斯言。使夫饕餮得以逞志者，非聖智尚文之辯，孰爲之哉？淵哉若人，用心如砥，斡蠱德於上皇之年，杜莠言於千載之下，故曰道家者流，出於史官，其規摹閎遠矣。能仁之書，譯於東夏；園吏之籍，不至殊方。近世雖見譯述，然皆鄙生爲之。雲行雨施，則大秦之豪喪其夸，拂菻之士忘其奡，衣養萬物，何遠之有。舊師章句，分爲七首，「堯問」一章，宜在最後，所以越在第三者，精入單微，還以致用，大人利見之致，其在於斯，宜依舊次，無取顛倒云爾。釋篇題竟。

南郭子綦隱几從李本。**而坐，仰天而噓，荅焉似喪其耦。顏成子游立侍乎前，曰：「何居乎？形固可使如槁木，而心固可使如死灰乎？今之隱几者，非昔之隱几者也。」子綦曰：「偃，不亦善乎，而問之也。今者吾喪我，女知之乎？女聞人籟而未聞地籟，女聞地籟而未聞天籟夫。」子游曰：「敢問其方。」子綦曰：「夫大塊噫氣，其名爲風。是唯無作，作則萬竅怒呺。而獨不聞之翏翏乎？山林之畏佳，大木百圍之竅穴，似鼻，似口，似耳，似枅，似圈，似臼，似洼者，似汙者；激者，謞者，叱者，吸者，叫者，譹者，宎者，咬者，前者唱于，而隨者唱喁。泠風則小和，飄風則大和，厲風濟則衆竅爲虛。而獨不見之調**

調，之刁刁乎？」子游曰：「地籟則衆竅是已，人籟則比竹是已。敢問天籟？」子綦曰：「夫吹萬不同，而使其自己也，咸其自取，怒者其誰邪？」大知閑閑，小知閒閒；大言淡淡，從李本。小言詹詹。其寐也魂交，其覺也形開，與接爲構，日以心鬭。縵者，窖者，密者。小恐惴惴，大恐縵縵。其發若機栝，其司是非之謂也；其留如詛盟，其守勝之謂也；其殺如秋冬，以言其日消也；其溺之所爲之，不可使復之也；其厭也如緘，以言其老洫也；近死之心，莫使復陽也。喜怒哀樂，慮嘆變慹，姚佚啓態，樂出虚，蒸成菌。日夜相代乎前，而莫知其所萌。已乎，已乎，旦莫得此，其所由以生乎。

《齊物》本以觀察名相，會之一心。故以地籟發端，風喻意想分别，萬竅怒呺，各不相似，喻世界名言各異，乃至家鷄野鵲，各有殊音，自抒其意。天籟喻藏識中種子，晚世或名原型觀念，非獨籠罩名言，亦是相之本質，故曰「吹萬不同」。「使其自己」者，謂依止藏識，乃有意根，自執藏識而我之也。「自取」者，《攝大乘論》無性釋曰：「於一識中，有相有見，二分俱轉。相見二分，不即不離。」「所取分名相，能取分名見。」「於一識中，一分變異，似所取相，一分變異，似能取相[一]。」是則自心還取自心，非有外界。

〔一〕「似能取相」，據《攝大乘論釋》卷四《所知相分第三之一》，當作「似能取見」。

知其爾者，以現量取相時，不執相在根識以外，後以意識分別，乃謂在外。於諸量中現量最勝，現量既不執相在外，故知所感定非外界，即是自心現影。既無外界，則無作者，故曰「怒者其誰」。怒，即今努力字。郭云「誰主怒之」，猶言孰主張是爾。尋《知北游》篇云：「物物者，與物無際，而物有際者，所謂物際者也。不際之際，際之不際者也。謂盈虛衰殺，彼爲盈虛非盈虛，彼爲衰殺非衰殺，彼爲本末非本末，彼爲積散非積散也。」物謂物色，《春官·保章氏》注：物，色也。即是相分。物物者，謂物色此物色者，上物字讀如《夏官·校人》「物馬而頒之」、《春秋傳》「物土方」之物，即視義。即是見分。世或謂物物者爲造物者，大繆。相見二分，不即不離，是名「物物者與物無際」，而彼相分自現方圓邊角，是名「物有際」。見分上之相分，本無方隅，而現有是方隅，是名「不際之際」。即此相分方隅之界，如實是無，是名「際之不際」。此皆義同《攝論》，與自取之説相明矣。《解深密經》云：「若彼所行影像，即與此心無有異者，云何此心還見此心？善男子，此中無有少法能見少法，然即此心如是生時，即有如是影像顯現。」《德充符》篇云：「得其心，以其心。〔二〕」《徐無鬼》篇云：「以目視目，以耳聽耳，以心復心。」此雖真人獨喻之情，亦實

〔二〕「得其心，以其心」，定本及《莊子·德充符》作「以其知得其心，以其心得其常心」。

庸眾共循之則。故彼經云：「若諸有情，自性而住，緣色等心，所行影像，彼與此心，亦無有異。而諸愚夫由顛倒覺，於諸影像不能如實知唯是識。」是皆自取無誰之義。此上是破方位、形色及五塵也。

「大知閑閑」，簡文云「廣博之貌」，謂藏識同時兼知也。「小知閒閒」，簡文云「有所閒別」，謂五識不能相代，意識同時不能有二想也。「大言淡淡」，《老子》云「道之出口，淡乎其無味」也。「小言詹詹」，李云「小辯之貌」是也。「其寐也魂交」，謂夢中獨頭意識也。「其覺也形開」，謂明了意識及散位獨頭意識也。《大毗婆沙論》三十七曰：「夢所見事，皆是曾更。問：若爾，云何夢見有角人邪？豈曾有時見人有角？答：彼於覺時，異處見人，異處見角，夢中惛亂，見在一處，故無有失。」然則形開即是異處別見，魂交即是見在一處也。「與接爲構，日以心鬬」者，接猶觸、受，謂能取、所取，交加而起，二者交加，則順違無窮，是名「日以心鬬」。《庚桑楚》篇云：「知者，接也；知者，謨也。」彼接亦謂觸、受，並即近人所謂感覺；彼謨從規摹義，即是想；想謂取像。彼謨從謀慮義，即是思。《墨經》説接爲親，是即現量；説謨爲説，是即比量。「縵者」，簡文云「寬心」，應是散意，亦謂率爾墮心，不串習境，無欲等生，乍有所感，名率爾墮心也。「窖者」，簡文云「深心」，此即是尋求心。「密者」，精心，恒審思量，所謂慧也，即於思中有簡擇用，故與廣思不同。「小恐惴惴」，李云「小心貌」。「大恐縵縵」，李云「齊死生貌」。以小恐神志尚定，故有戰慄震怖諸相，大恐神志已奪，乃如惛醉也。「其發若機栝，其司是非之謂」者，謂作意。「其留如詛盟，其守勝之謂」者，勝亦讀如司，如司徒作勝屠。謂等流心，亦得謂定，皆有所司察也。除無想、滅盡等定。「其殺如秋冬，以言其日消」者，謂等流心專緣一境，念念相續，久則心與境忘，乃似無所有也。「其溺之所爲之，不可使復之」者，謂等流心專趣一相，忽忘自身，若溺者陷没不還也。「其厭也如緘，以言其老洫」者，厭讀爲壓，按也；洫讀爲侐，靜也。此謂定心靜慮，如老者形志衰而嗜欲息，無想、滅盡二定亦在是矣。「近死之心，莫使復陽」者，謂生死位心、悶絶位心也。「喜怒哀樂，慮嘆變慹，姚佚啓態」者，謂輕安心及煩惱心也。如上種種，略舉心及心所有法，然其能取，還即自取己心，非有外界。音樂出乎空虛，喻名言無自性也。菌宍成乎蒸溼，喻四大無自性也。

雖爾，日夜相代，莫知所始，能起有邊無邊之論。時若實有，即非唯識，天籟之義不成。故復應以「旦暮得此，其所由生」。「此」者，即謂能自取識。大抵藏識流轉不駐，意識有時不起，起位亦流轉不駐，是故觸相生心，有觸、作意、受、想、思五位。受、想、思中，復分率爾墮心、尋求心、決定心、染淨心、等流心五位。如是相續，即自位心證自位心，覺有現在；以自位心望前位心，覺有過去；以自位心望後位心，比知未來。是故心起即有時分，心寂即無時分，若睡眠無夢位，雖更五夜，不異剎那。近人多謂因觀物化，故生時分之想，此非極成義也。如人專視一金，念念想此一金，念亦無變，金亦不化，而非於此位無時分前後覺。然則時非實有，宛爾可知，但以衆同分心，悉有此相，世遂執箸爲實。終之甲乙二人，各有時分，如衆吹竽，同度一調，和合似一，其實各各自有竽聲。所以者何？時由心變，甲乙二心，界有別故。由此可知，時爲人人之私器，非衆人之公器。且又時分總相，有情似同；時分別相，彼我各異。童齔以往，覺時去遲；中年以來，覺時去速。淫樂戲忘者，少選而歲逝；舂輓勤苦者，待限而不盈。復有種種別相，各各不同，説見知代下。亦猶人各吹竽，不度一調，或爲清角，或爲下徵，此應《折楊》，彼合《下里》，則無和合似一之相。雖復晷日望星，挈壺下漏，强爲契約，責其同然，然覺時去遲者，其覺日星壺漏之變亦遲；覺時去速者，其覺日星壺漏之變亦速。亦猶以尺比物，定其長短，然眼識汗漫者，視物長而尺亦長；眼識精諦者，視物短故尺亦短，竟無畢同之法。由斯以推，朝菌不知晦朔，惠蛄不知春秋，而冥靈大椿，壽逾千百，庸知小年者不自覺其長，大年者不自覺其短乎？《大毗婆沙論》一百三十六説：「壯士彈指頃，經六十四剎那。」又説：「世尊不説實剎那量，無有有情，堪能知故。」誠以時分最速，無過一瞚及一彈指，心生或速于此，然未有與剎那齊量者。一念心生，速疾回轉，齊一剎那，自非應真上士，孰與于斯？若即一彈指頃，豪分不忘，此小年之所有，而大年之所無。不忘，故小年亦壽；忘之，故大年亦殤。《消摇游》篇郭注但云：「苟知其極，則豪分不可相跂，羨欲之纍可以自絶。」此未了時由心造，其舒促亦由心變也。此上是破時分也。

非彼無我，非我無所取。是亦近矣，而不知其所爲使。若有真宰，而特不得其眹。可行已信，而不見其形，有情而無形。百骸、九竅、六藏，賅而存焉，吾誰與爲親？女皆説之乎？其有私焉？如是皆有爲臣妾乎？其臣妾不足以相治乎？其遞相爲君臣乎？其有真君存焉？如求得其情與不得，無益損乎其真。一受其成形，不亡以待盡。與物相刃相靡，其行盡如馳，而莫之能止，不亦悲乎？終身役役而不見其成功，薾然疲役而不知其所歸，可不哀邪？人謂之不死，奚益？其形化，其心與之然，可不謂大哀乎？人之生也，固若是芒乎？其我獨芒，而人亦有不芒者乎？

此論真心、生滅心也。絶待無對，則不得自知有我，故曰「非彼無我」。若本無我，雖有彼相，誰爲能取？既無能取，即無所取，故曰「非我無所取」。由斯以談，彼我二覺，互爲因果，曾無先後，足知彼我皆空，知空則近於智矣。假令純空彼我，妄覺復依何處何者而生，故曰「不知其所爲使」。由是推尋，必有真心，爲衆生所公有，故曰「若有真宰」。真心既爲衆生公有，何緣彼我隔别，故曰「不見其朕」。詳此所説真宰，即佛法中如來藏藏識。所謂朕者，彼我分際，見此分際者，即佛法中意根恒審思量，執藏識以爲我者也。以恒審思量故，必不自覺爲幻，自疑爲斷，進止屈伸，寉乎自任，故曰「可行己信」。郭云：行者信己可得行也。雖自信任，而此我相爲朱、爲白、爲方、爲圓，終非意根所見，故曰「不見其形」。有情而無形，横欲求形，唯是百骸、九竅、六藏之屬，且未知此數者誰爲真我。若云皆説之者，諸體散殊，我應非一，而現自覺是一。若云有所私者，餘體痛楚，應若不知，而現不可捨置。若云皆爲臣妾者，誰復爲君，藉舉腦髓以爲共主，彼與臣妾，等是筋肉膏肪，何因獨能調御？若云身無腦髓，其餘諸體不足相治者，現見丘蚓，即且，横斫成三，三皆復活，蛇及水蛭，斷亦兩行，其無腦位，足得相治。況復草蘇百卉，悉有情命，榦莖枝葉，亦若人有百體，曾無見草木有腦髓神經者，而百體足可相治，呼吸既同，或有能啖蠅子，斯孰令爲之哉？以此爲箴，諸義自壞。若云腦髓百體遞爲君臣者，今欲令心受水穀，胃布血脈，耳視目聽，頭行髮持，終不可得，況能遞用。以是五義，展轉推度，明必有真我在，此即阿陀那識，任持身根，亦曰藏識，含藏種子，亦通名如來藏，此土既無諸號，故獨命以真君。知非意識者，以孰眠位意識已斷，而異於死，故以比量，知非意識。若在現量，寂靜自證，無不可覺，唯欲斷諸雜染，證得最清淨心，斯爲難耳。而此最清淨心，本來自爾，非可修相，非可作相，畢竟無得，故曰「求得其情與不得，無益損乎其真」。不求則一受成形，不亡待盡，念念相續，如連錢波，前心已去，不可復得，即此膚肉骨髓，隨時代謝，十年故體，悉爲灰塵。由此可知，即一生時，已更九死，故曰「人謂之不死，奚益」也。此言「真君」，斥如來藏中真如相。次言「其形化，其心與之然」者，斥如來藏中生滅相。言我芒人亦芒者，無量有情，等是一識，若有一人不芒者，則不得現此情界、器界也。郭子玄《大宗師》義云：「人之生也，形雖七尺，乃舉天地以奉之。故天地萬物凡所有者，不可一日而相無也。一物不具，則生者無由得生。」義亦精審，能會斯旨。唐時法藏依此以立無盡緣起之説，詳在「萬物與我爲一」下。

夫隨其成心而師之，誰獨且無師乎？奚必知代，而心自取者有之，愚者與有焉。未成乎心而有是非，是今日適越而昔至也，是以無有爲有。無有爲有，雖有神禹，且不能知，吾獨且奈何哉！夫言非吹也，言者有言，其所言者特未定也。果有言邪？其未嘗有言邪？其以爲異於鷇音，亦有辯乎，其無辯乎？道惡乎隱而有真僞？言惡乎隱而有是非？道惡乎往而不存？言惡乎存而不可？道隱於小成，言隱於榮華。故有儒墨之是非，以是其所

非而非其所是，欲是其所非而非其所是，則莫若以明。物無非彼，物無非是。自彼則不見，自知則知之。故曰彼出於是，是亦因彼，彼是方生之説也。雖然，方生方死，方死方生；方可方不可，方不可方可；因是因非，因非因是。是以聖人不由而照之于天，亦因是也。是亦彼也，彼亦是也。彼亦一是非，此亦一是非。果且有彼是乎哉？果且無彼是乎哉？彼是莫得其偶，謂之道樞。樞始得其環中，以應無窮。是亦一無窮，非亦一無窮也，故曰莫若以明。以指喻指之非指，不若以非指喻指之非指也。以馬喻馬之非馬，不若以非馬喻馬之非馬也。天地一指也，萬物一馬也。

此論藏識中種子，即原型觀念也。色法、無爲法外，大小乘皆立二十四種不相應行，近世康德立十二範疇，此皆繁碎。今舉三法大較，應説第八藏識，本有世識、處識、相識、數識、因果識、世識、處識、數識，皆見《攝大乘論》。世謂現在、過去、未來。處謂點、綫、面、體、中、邊方位。相謂色、聲、香、味、觸。數謂一、二、三等。因果謂彼由於此，由此有彼。其空閒識，即是處識，而所感覺之真空，乃屬相識，以真空亦有空一顯色故。《大毗婆沙論》七十五云：「或有色無顯無形，謂空界色。」又云：「云何空界？謂鄰礙色。礙謂積聚，即牆壁等有色，近此名鄰礙色，如牆壁閒空，叢林閒空，樹葉閒空，窗牖閒空，往來處空，指閒等空，是名空界。」若方隅等位，在有顯色處，説爲形色；在無顯色處，説爲空閒。《大毗婆沙論》七十五云：「問：虛空、空界，有何差別？答：虛空非色，空界是色。」又云：「若無虛空，一切有物應無容處，既有容受諸有物處，知有虛空。復作是説，以有往來聚集處〔二〕，故知有虚空。復作是説，若無虚空，應一切處皆有障礙，即現見有無障礙處，故知虚空決定實有，無障礙相是虚空故。」此所説虚空者，即今所謂空閒。然虚空空閒之名，實不可通，其實無障礙處之形，有障礙處之形，通得是名。《天下》篇舉名家説：「無厚，不可積也，其大千里。」司馬紹統云：「其有厚大者，其無厚亦大。」《墨經》云：「厚，有所大也。」《説》曰：「厚，惟無所大。」是故有礙無礙，但有形可量者，通謂之處，不當偏舉空閒虚空爲名，乃與真空有色者相混。《勝論》立九種實，空與方異。彼空即空界真空，彼方即虚空空閒。命之爲方，與命之爲處，名實相應。虚空空閒，是亂名爾。第七意根本有我識。人我執，法我執。其他支分變復，悉由此六種子生。成心即是種子，眼耳鼻舌身意六識未動，潛處意根之中，六識既動，應時顯現，不待告教，所謂「隨其成心而師之」也。此中且舉世識一例，節序遞遷，是名爲代。夫現在必有未來，今日必有明日，此誰所證明者？然嬰兒初生，貍鼠相遇，寧知代之名言哉。兒嗁號以索乳者，固知現在索之，未來可以得之也；鼠奔軼以避貍者，亦知現在見貍，未來可以被噬也。此皆心所自取，愚者與有。故《大毗婆沙論》十四云：「若愚若智，内道外道，世間論者，乃至童豎，皆知有世，謂彼皆了有去來今。」彼説疑三世者爲冥身，則是小乘法執之説。此非取之原型觀念，何可得邪？若夫有相分別，必待名言，諸想方起；無相分別，雖無名言，想亦得成。《瑜伽師地論》二云：「有相分別者，謂於先所受義，諸根

〔二〕「集」，原缺，據《大毗婆沙論》卷七十五《結藴第二中十門納息第四之五》補。

成孰善名言者所起分別。無相分別者，謂隨先所引，及嬰兒等不善名言者所有分別。」《攝大乘論》亦稱此爲無覺遍計，世親釋曰：「謂牛羊等，雖有分別，然於文字不能解了。」印度合音爲字，故文字即名言。彼其知代，取之種子，現於無相分別，故得有此。又今世說生物者，謂蟲獸草木種種毛羽華色香味，或爲自保生命，或爲自求胤嗣，而現此相，然彼豈如人類能計度尋思邪？非說無相分別，義不得成。以是證知，師其成心，愚者與有，亦若日用不知焉。夫無相分別，意言亦無，一切有情，經過爾所分別，歷時相等；有相分別，即有意言，若伺若尋，意中流響，聲必相續。此則單音語人，所歷時短，以經爾所分別，即經爾所聲故；複音語人，所歷時長，以經爾所分別，必經爾所流注聲故。如念法字，此土念法，唯是一聲，印度念達爾摩，乃有三聲，轉相積聚，則經時長短相懸矣。是故複音語人，聲餘於念，意中章句，其成則遲；單音語人，聲與念稱，意中章句，其成則速。念成遲故覺時促，惜分陰而近死地，望在隕身以後，故宗教之用興。念成速故覺時舒，多暇日而遠盡期，味箸有身之時，故宗教之用絀。前世雖有祈禜禱祝，然皆爲目前禍福，非爲死後。人情封略，亦觀世者所宜知也。

次舉意根我識種子所支分者，爲是非見。若無是非之種，是非現識亦無。其在現識，若不忍許何者爲是、何者爲非，事之是非亦無明證。是非所印，宙合不同，悉由人心順違，以成串習，雖一人亦猶爾也。然則係乎他者，曲直與庸衆共之，存乎己者，正謬以當情爲主，近人所云主觀客觀矣。《寓言》篇云：「孔子行年六十而六十化，始時所是，卒而非之，未知今之所謂是之非五十九非也。」斯則五十九時所謂是者，固無非想。今以六十時見非五十九時見，其事雖可，必云當五十九時已非，則爲倒論。所以者何？五十九時自非之心未成故。又況道本無常，與世變易，執守一時之見，以今非古，以古非今，或以異域非宗國，以宗國非異域者，其例視此。此正顛倒之説，比於今日適越而昔至，斯善喻乎。世俗有守舊章、順進化者，其皆未喻斯旨也。《外物》篇云：「夫流遁之志，決絶之行，噫，其非至知厚德之任與？覆墜而不反，火馳而不顧，雖相與爲君臣，時也，易世而無以相賤，故曰至人不留行焉。」順進化者，以今非古，則誣言也。又曰：「夫尊古而卑今，學者之流也。且以狶韋氏之流觀今之世，夫孰能不波，唯至人乃能游於世而不僻，順人而不失己。」守舊章者，以古非今，是亦一孔之見矣。是云非云，不由天降，非自地作，此皆生於人心。心未生時，而云是非素定，斯豈非以無有爲有邪？夫人雖有忮心，不怨飄瓦，以瓦無是非心，不可就此成心論彼未成心也。然則史書往事，昔人所印是非，亦與今人殊致，而多辯論枉直，校計功罪，猶以漢律論殷民，唐格選秦吏，何其不知類哉。《老子》云：「道可道，非常道。」董仲舒云：「天不變，道亦不變。」智愚相懸，乃至於此。

言者是爲有相分別，依想取境，如其分齊，以成音均詘曲，自表所想，故謂之言。《墨子・經說》云：「言也者，諸口能之出民者也，民若畫俿也〔二〕。」此則言得成義，吹非成義，其用固殊。然則古今異語，方土殊音，其義則一，其言乃以十數。是知言本無恒，非有定性，此所以興有言無言之疑，謂與鷇音無別也。《則陽》篇云：「鷄鳴狗吠，是人之所知；雖有大知，不能以言讀其所自化，又不能以意其所將爲。」假令殊方異類，乍相逢遇，互聽所言，亦與是無異矣。隱讀如隱几之隱，字正作㥯，「所依據也」。道何所依據而有真僞，言何所依據而有是非，向無定軌，唯心所取。詳前世論道，不依一軌，夷、惠行殊，箕、比志異，猶皆謂之至德，固知道之無常也。子雲仕新，子魚輔魏，其視龔、管二賢，誠若有歉。然昔人皆賢之者，蓋以長德絜行，箸於言動，君臣去就之閒，特其小小疵點，猶愈冉有、季路之倫也。晚世以一端爲大節，乃謂楊、華佞諛，斯亦封執之甚，人方所不談矣。比其衰也，帝王之法，依以爲公義，是「道隱於小成」；京雒之語，依以爲雅言，是「言隱於榮華」。《荀子・正論》曰：「天下之大隆，是非之封界，分職名象之所起，王制是也。故凡言議期命，以聖王爲師。」此皆隨俗雅化，豈所語於致遠者乎。儒家法周，墨家法夏，二代嘗已小成榮華，而其是非相反，由是競生部執，如復重仇。還以其情，明其自繆，則曰物無非彼，言更相彼也；物無非是，言各自是也。無非彼則天

〔二〕「民」，孙詒讓《墨子閒詁》卷十：「民當爲名之誤，後文云『聲出口，俱有名』。」

下無是，無非是則天下無彼。用郭義。人皆自證而莫知彼，豈不亦了他人有我。他人之我，但依計度推知，非恒審證知故。由此他心及彼心所有法，亦以計度推知，翾忽之閒，終有介爾障隔，依是起爭，是非蠭午。夫其執有是非者，若無我覺，必不謂彼爲非；若無彼覺，亦不謂我爲是。所以者何？此皆比擬而成執見。向無比擬，即以散心任運處之，其猶閭娵、子都，不與眾人共鑑，必不自謂美好。由斯以言，彼出於是，是亦因彼，曾無先後，而因果相生，則知彼是觀待而起，其性本空。彼是尚空，云何復容是非之論。以方生喻彼是者，一方生即一方滅，一方可即一方不可，因果同時，則觀待之説也。聖人無常心，以百姓心爲心，故不由而照之於天。知彼是之無分，則兩順而無對，如户有樞，旋轉環内，開闔進退，與時宜之。是非無窮，因應亦爾，所謂「莫若以明」也。或者難言：因時敷政，固無典常，制割大理，寧無真繆？應之曰：非謂是也。仁義之名，傳自古昔，儒墨同其名言，異其封界，斯非比量之所能明，亦非聲量之所能定，更相違戾，唯是黨伐之言，則聖人不獨從也。若乃儒徵於人，墨徵於鬼，斯乃虛實易明，非莊生所論列矣。或復難言：行義無常，語言非定，此皆本乎情感，因乎串習，故不可據理以定是非。白黑之相，菽麥之姿，不待名言而生辨異，離言自性，豈可亂邪？應之曰：無相分別，如其自身，莊生固無遮撥。及在名言，白表白相，黑表黑相，菽表菽事，麥表麥事，俗詮有定，則亦隨順故言，斯爲照之於天，不因己制。是故指鹿爲馬，以素爲玄，義所不許。所以者何？從俗則無爭論，私意變更，是非即又蠭起。比於向日，囂訟滋多，是以有德司契，本之約定俗成也。或欲引用殊文，自移舊貫，未悟文則鳥迹，言乃鷇音，等無是非，何閒彼我。不曉習俗可循，而起是非之見，於是無非而謂非，於彼無是而謂是，木偶行尸，可與言哉？茲亦醉心於小成榮華者也。

指馬之義，乃破公孫龍説。《指物》篇云：「物莫非指，而指非指。」「指也者，天下之所無也；物也者，天下之所有也。以天下之所有，爲天下之所無，未可。」彼所謂指，上指謂所指者，即境；下指謂能指者，即識。物皆有對，故莫非境；識則無對，故識非境。無對，故謂之無；有對，故謂之有。以物爲境，即是以物爲識中之境，故公孫以爲未可。莊生則云以境喻識之非境，不若以非境喻識之非境。蓋以境爲有對者，但是俗論。方有所見，相見同生，二無內外，見亦不執相在見外，故物亦非境也。物亦非境，識亦非境，則有無之爭自絶矣。《白馬論》云：「馬者所以命形也，白者所以命色也。命色者非命形也，故曰白馬非馬。」莊生則云以馬喻白馬之非馬，不若以非馬喻白馬之非馬。所以者何？馬非所以命形。形者何邪？唯是句股曲直諸綫種種相狀，視覺所得，其界止此，初非於此形色之外別有馬覺。意想分別，方名爲馬。馬爲計生之增語，而非擬形之法言。專取現量，真馬與石形如馬者等無差别，而云馬以命形，此何所據？然則命馬爲馬，亦且越出現量以外，則白馬與馬之爭自絶矣。此皆所謂「莫若以明」也。廣論則天地本無體，萬物皆不生，由法執而計之，則乾坤不毁，由我執而計之，故品物流形，此皆意根遍計之妄也。或復通言，破指之義，誠無餘辯；破馬之義，但乘公孫言詞之隙，因而墮之。假令云馬者所以命有情，白者所以命顯色，命顯色者非命有情，故曰白馬非馬，莊生其奚以破之邪？應之曰：此亦易破，鋸解馬體，後施研擣，猶故是有情否？此有情馬，本是地水火風種種微塵集合，云何可説爲有情數。若云地水火風亦是有情者，諸有情數合爲一有情數，雖説爲馬，唯是假名，此則馬亦非馬也。又公孫以堅白爲二，堅白與石不可爲三，如是馬中亦有堅白，堅白可二，白馬不可爲二，説還自破。若云石莫不白，馬有不白者，馬有青驪，石亦自有黄黑，白非馬之自相，亦非石之自相，何故白與石不可離，而獨與馬可離？此皆破之之説也。

如上所論，皆説成心之義，應分三科：第一明種子未成，不應倒責爲有。第二明既有種子，言議是非，或無定量。第三明現量所得，計爲有實法實生者，即是意根妄執也。

可乎可，不可乎不可。道行之而成，物謂之而然。惡乎然？然於然。惡乎不然？不然於

不然。物固有所然，物固有所可。無物不然，無物不可。故爲是舉莛與楹，厲與西施，恢恑憰怪，道通爲一。其分也，成也；其成也，毁也。凡物無成與毁，復通爲一。唯達者知通爲一，爲是不用而寓諸庸，庸也者，用也；用也者，通也；通也者，得也；適得而幾矣。因是已，已而不知其然謂之道。勞神明爲一，而不知其同也，謂之朝三。何謂朝三？曰狙公賦芧，曰：「朝三而莫四。」衆狙皆怒。曰：「然則朝四而莫三。」衆狙皆説。名實未虧，而喜怒爲用，亦因是也。是以聖人和之以是非，而休乎天鈞，是之謂兩行。

此破名守之拘，亦空緣生諸相。「道行之而成」，指緣生；「物謂之而然」，指名守，次皆遮撥之言。今以方便先説破名守事。其言「惡乎然，然於然；惡乎不然，不然於不然」者，觀想精微，獨步千載，而舉世未知其解，今始證明。詳彼意根，有人我、法我二執，是即原型觀念。以要言之，即執一切皆有自性。名必求實，故有訓釋之詞。訓釋詞者，非古今方國代語之謂。一謂説其義界，此土訓釋文字者，兼有二事，如《説文》云：「元，始也。」此爲代語。「吏，治人者也。」此爲義界。求義界者，即依我執、法執而起。二謂責其因緣，以其如此，謂其先必當如彼，由如彼故得以如此，必不許無根極。求根極者，亦依我執、法執而起。三謂尋其實質，以不許無成有，謂必有質。求實質者，亦依我執、法執而起。故無意根，必無訓釋。《攝大乘論》曰：「云何知有染汙意？謂此若無，訓釋詞亦不得有。」世親釋曰：「能思量故，説名爲意，此訓釋詞何所依止？非彼六識，與無間識作所依止。應正道理，已謝滅故。」無性釋義亦同。然不以我執、法執爲說，猶有未備。

諸說義界，似盡邊際，然皆以義解義，以字解字，展轉推求，其義其字，唯是更互相訓。如說一字，若求義界，當云二之半也，或云半之倍也。逮至說二字時，又當云一之倍；說半字時，又當云一分爲二，二與半必待一而後解。是則說一字時，猶未了解二字、半字之義，以其未解者爲解，與不解同。若初說一字義界時，問者責言何者爲二，何者爲半，又當舉一之倍以明二，舉一分爲二以明半，斯非更互相訓邪？一二同聚，其更互相訓易知。其他非同聚者，說單字時，必以數字爲其義界，逮說彼數字時，復須數字爲之義界，如是展轉至盡，還即更取前字，爲最後字義界。何以故？不能捨字解字，捨義解義，故字數有盡，不得不互相解故。既互相解，寧能明了知其義界，故曰「惡乎然，然於然；惡乎不然，不然於不然」。言捨本字，更不能解本字也。

諸責因緣，推理之語是也。然責因實不可得，如有人言，身中細胞皆動，問細胞何故動，即云萬物皆動，細胞是萬物中一分，故細胞動。問萬物何故皆動，即云皆含動力故動。問動力何故動，即云動力自然動。自爾語盡，無可復詰。且本所以問細胞何故動者，豈欲知其自然動邪？今追尋至竟，以自然動爲究極，是則動之依據，還即在動，非有因也。又如人言，知母、苦參能退熱病，問此藥何故能退熱病，即云有某成分執能退熱，故即能退熱病。問諸退熱者如冰如雪，服之非即能退熱病，何故彼能退熱即能退熱病邪，即云彼自有能退熱病之力，非冰雪例。本所以問此藥何故能退熱病者，欲知其能退熱病之因，非徒欲知其有退熱病之力。今追尋至竟，以有能退熱病之力爲究極，是則能退熱病之依據，即在能退熱病，非有因也。如是井水現丹，朽骨發燄，尋其因緣，即知井下有滇，骨中含粦〔一〕。次問滇能現丹，粦能發燄，復何因緣，不得不云自爾。故曰「惡乎然？然於然；惡乎不然，不然於不然」，言本無真因可求也。按前世亞黎史陀德言論理學，謂前提未了者，轉當立量，成此前提，如是展轉相推，分析愈衆。然不悟窮智推求，還如其本。今世或以經驗成論理學，及問所經驗者，此有故彼有，此然故彼然，復依何義，則亦唯言自爾。或云驗已往皆然者，即知將來當然，及問已往何故皆然，復不得不言自爾。此皆所謂「惡乎然，然於然」也。反之即「惡乎不然，不然於不然」。

諸尋實質，若立四大種子、阿耨、即極微義。鉢羅摩怒、即量義，亦通言極微。電子、原子是也。此有二說，一據有方分言，分析無盡，非種非原，故一家復說爲無方分。佛法假立四大種子，即是堅溼煖輕，亦云堅溼煖動，今取輕義，以動是表色，非觸故。由此假立造色種子。然離五識所感以外，而求堅溼煖輕之相，依何成立？又按色聲香味觸五感所得，平等平等。今此堅溼煖輕，唯是觸分，何緣於五塵中獨取觸塵爲彼自性？此與公孫龍說義正相似。《堅白論》云：「堅未與石爲堅而物兼，未

〔一〕「粦」，頻伽精舍本作「燐」。下「粦能發燄」句同。

與物爲堅而堅必堅。其不堅石物而堅，天下未有若堅，而堅藏。白固不能自白，惡能白石物乎？若白者必白，則不白物而白焉，黄黑與之然，石其無有，惡取堅白石乎？故離也。」此謂堅觸在物未形成以前，而白色在物既形成以後，欲求不可感觸之堅，不得不説爲堅藏。然則物未形成以前，何緣不可有白藏邪？此皆倒執之説也。近世亦立二説，若有方分，剖解不窮，本無至小之倪，何者爲原？誰爲最初之質？若無方分，此不可見聞臭嘗觸受，則非現量，此最遍性，則無比量。比量皆以通明局，以遍明陝，物界最遍，故無比量。《庚桑楚》篇云：「知者，接也；知者，謨也；知者之所不知，猶睨也。」《墨子·經説》云：「知也者，以其知遇舊作過，從孫詒讓説正。物而能貌之，若見。恕也者，以其知論物而其知之也箸，若明。慮也者，以其知有求也，而不必得之，若睨。」二説同義。今計無方分之實質，非接非謨，本在知識以外，實不可得。原其言此，必先念萬物皆有實質，而彼念亦非隨於現量、比量，唯是隨於原型觀念，唯是隨於法執，因是立鉢羅摩怒諸名。因是言有者不可使無，無者不可使有，且有相者不可使無相，無相者不可使有相，此由總集現量所得而説者也。有質者不可使無質，無質者不可使有質，此依有方分物質言，義或可爾。若依無方分物質言，唯是非量，以無方分者無現量，非色非聲非香非味且非是觸；無現量，故亦無由成比量，凡成比量者，必不能純無現量。若得一分現量，猶可推以例他。今此無方分之物質，雖求一分現量，亦不可得，則無成比量法。亦不可説爲墮法處色定中所見。墮法處色者，如定中所見水火山林等相，然亦尚有形色，即有方分。而世人言此者，唯由原型觀念法執，所成即此分別法執，所依唯

是俱生法執，故曰「惡乎然，然於然；惡乎不然，不然於不然」，言更無現量可證，比量可推也。

凡諸訓釋，唯是三端，名言義想，盡于斯矣。隨俗諦說，物固有所然，物固有所可；依勝義說，訓釋三端不可得義，無義成義，則雖無物不然、無物不可，可也。如上所論，一說義界，二責因緣，三尋實質，皆依分析之言，成立自義。然當其成立時，亦即其毀破時，成即《因明入正理論》所謂能立，毀即《因明入正理論》所謂能破。然彼就局義說，唯在比量；此就廣義說，兼三訓釋。成毀同時，復通爲一，故達者不用而寓諸庸，以終不能知其由然故。若乃執此三端，以爲要妙，役神明於一義。不悟其所解者，還即與不解同，故以狙公賦芧爲喻。夫推論至極，還與本語不殊；刻爲當然，實無由然之理，此所謂名實未虧。世人皆謂能推能刻者爲智，不能推刻者爲愚，此所謂喜怒爲用。人之迷也，固已久矣。聖人內知其違，而外還順世。《老子》云：「常無，謂無名。欲以觀其妙；常有，謂有名。欲以觀其徼。」此之謂兩行也。詳此一解，金聲玉振，高蹈太虛，本非隸政之談、從事之訓，而世人以爲任用機權，尋其文義，既自不爾。又復兩行之道，聖哲皆然，自非深明玄旨，何由尋其義趣。自子期、子玄之倫，猶不憭悟，況玄英以下乎。詳《秋水》篇述公孫龍語，自謂困百家之知，窮眾口之辯，及聞莊子之言，無所開喙。省此數言，宜令公孫口呿舌舉，豈若孔穿、鄒衍之儕，以强辭相抵哉？既破比量爲無因，而純無比量唯依法執者，亦不許立，此乃所謂卮言，《釋文》引《字略》云：「卮，圓酒器也。」是取圓義，猶言圓言爾。圓遍一切者矣。又詳《齊物》大旨，多契佛經，獨此一解，字未二百，大小乘中，皆所未有。《華嚴》唯説菩薩心欲於一字中，一切法句言音差别皆悉具足。《大般若經》唯説善學一切語言，皆入一字，善學於一字中攝一切字，一切字中攝於一字，而不推明其故。若知字義唯是更互相訓，故一名字中具有一切名字，彼亦輔萬物之自然，非有琦祕，亦自非强爲也。自謂「奭然四解，淪於不測」，豈虚語乎？由「無物不然，無物不可」之義求之，依三訓釋，從第一轉，佛法有陀羅尼；從第二轉，佛法有瞪視顯法、揚眉動目等事；從第三轉，佛法有成所作智。皆非傀異，自平易近情爾。

復次，空緣生者，謂種種成就，皆依於動。動即行義。結生相續，動無初期，動之前因，還即在動，成之前有，還即是成。亦所謂「惡乎然，然於然；惡乎不然，不然於不然」也。此生彼滅，成毁同時，是則畢竟無生，亦復無滅。故鑿真珠者，珠滅而璧生；鎔丱鐵者，液成而丱毁。如是人雖展轉幻化，故未化耳；若有化者，則不得無最前期也。達者知其如是，不厭轉生，雖化爲鼠肝蟲臂，未見有殊，豈希圓寂而惡流轉哉。證無生滅，示有生滅，此亦兩行也。若海羯爾有、無、成之説，執箸空言，不可附合莊氏。

古之人，其知有所至矣。惡乎至？有以爲未始有物者，至矣，盡矣，不可以加矣。其次以爲有物矣，而未始有封也。其次以爲有封焉，而未始有是非也。是非之彰也，道之所以虧也。道之所以虧，愛之所以成。果且有成與虧乎哉？果且無成與虧乎哉？有成與虧，故昭氏之鼓琴也；無成與虧，故昭氏之不鼓琴也。昭文之鼓琴也，師曠之枝策也，惠子之據梧也，三子之知幾乎，皆其盛者也，故載之末年。唯其好之也，以異於彼，其好之也，欲以明之。彼非所明而明之，故以堅白之昧終，而其子又以文之綸終，終身無成。若是而可謂成乎？雖我亦成也。若是而不可謂成乎？物與我無成也。是故滑疑之燿，聖人之所圖也。爲是不用而寓諸庸，此之謂以明。

無物之見，即無我執、法執也。有物有封，有是非見，我法二執，轉益堅定，見定故愛自成，此皆遍計所執自性迷依他起自性，生此種種愚妄。雖爾，圓成實性實無增減。故曰「果且有成與虧乎哉，果且無成與虧乎哉」。故者，此也，義亦見《墨子·天志》。有成與虧，此昭氏之鼓琴也；無成與虧，此昭氏之不鼓琴也。郭云：「夫聲不可勝舉，故吹管操弦，雖有繁手，遺聲多矣。而執籥鳴弦者，欲以彰聲也，彰聲而聲遺，不彰聲而聲全。」由是以談，一器之中，八十四調法爾完具，然當其操弄諸調，不能同時並發。故知實性遍常，名想所計，乃有損益、增減二執。苟在不言之地、無爲之域，成虧雙泯，雖勝義亦無自性也。然審音持辯者，以其良道，載之末年，辯物之極，而求邊際，明律之至，而説元音，敵人所不能明，論主亦無以立。詳夫自悟悟他，立説有異。悟他者必令三支無虧，立敵共許，義始極成。若違此者，便與獨語無異，故曰「若是而可謂成乎，雖我亦成也」。語隨法執，無現比量，非獨不可悟他，己亦不能自了，故曰「若是而不可謂成乎，物與我無成也」。此解前破遍計所執，後破隨逐遍計之言。

今且有言於此，不知其與是類乎，其與是不類乎？類與不類，相與爲類，則與彼無以異矣。雖然，請嘗言之。有始也者，有未始有始也者，有未始有夫未始有始也者。有有也者，有無也者，有未始有無也者，有未始有夫未始有無也者。俄而有無矣，而未知有無之果孰有孰無也。今我則已有謂矣，而未知吾所謂之其果有謂乎，其果無謂乎？天下莫大於秋豪之末，而大山爲小；莫壽乎殤子，而彭祖爲夭。天地與我並生，而萬物與我爲一。既已爲一矣，且得有言乎？既已謂之一矣，且得無言乎？一與言爲二，二與一爲三。自此以往，巧歷不能得，而況其凡乎？故自無適有以至於三，而況自有適有乎？無適焉，因是已。

言與義不相類，《荀子·正名》云「名無固宜」是也。《攝大乘論》世親釋曰：「若言要待能詮之名，於所詮義有覺知起，爲遮此故，復説是言。非詮不同，以能詮名與所詮義互不相稱，各異相故。」此即明言與義不類也。若竟無言，則有相分別不成。《攝大乘論》世親釋曰：「非離彼能詮，智於所詮轉。由若不了能詮之名，於所詮義覺知不起。」此即明言與義相類也。由是計之，言之與義，一方相類，一方不相類，二方和合輻湊，寄於意識，所謂「類與不類，相與爲類」。如是名言習氣轉生，遂覺言義無別，所謂「與彼無以異」也。《攝大乘論》世親釋曰：「即相應爲自性義，是所分別，非離於此。」意與莊生正會。問曰：云何能詮所詮，互不相稱？答曰：當以三事明之，一者本名，二者引伸名，三者究竟名。

云何本名？如水説爲水，火説爲火，尋其立名，本無所依。若夫由水言準，由火言毁，皆由本名孳乳，此似有所依者。然本名既無所依，所孳乳者竟何所恃，其猶畫空作絲，織爲羅縠而已，此名與義果不相稱也。且又州國殊言，一所詮上有多能詮，若誠相稱，能詮既多，所詮亦應非一，然無是事，一所詮上有多能詮，亦有彼此相違者，如初、哉、首、基，皆訓爲始，然所以爲始不同。異域名言，轉相譯述，亦有相狀大同，材質各別者，説皆見後。然唯是引伸名，若本名初語，則無彼此相違之事。其有取相各殊者，後亦別論。以此知其必不相稱。

云何引伸名？《荀子·正名》云：「名聞而實喻，名之用也。纍而成名，名之麗也。」

如令長假借，一能詮上有多所詮，此亦引伸之名。他國語隨轉聲，與此土容有相異。若夫纍名相沓，取其引伸，異國亦多此類，故有顯目、密詮之殊。如《攝大乘論》世親釋曰：「言娑洛者，顯目堅實，密詮流散。」「殟波陀者，顯目生起，密詮拔足。波陀名足，殟名爲拔。」「貝戌尼者，顯目離閒語，密詮常勝空。貝者表勝，戌者表空，尼者表常。」「波魯師者，顯目粗惡語，密詮住彼岸。波表彼岸，魯師表住。」尋其意趣，本以纍名成語，然其所詮，與彼二名有異，雖意相引伸，而現相有別。從二名之本義，即是密詮；從纍名之現義，即是顯目。以吾纍語計之，如言公主，顯目帝女，本義乃是平分、燭焌。如言校尉，顯目偏將，本義乃是木囚、火伸。如言列侯，顯目二十級爵，本義乃是解骨、射侯。如言鴻臚，顯目主賓贊官，本義乃是大雁、肥腹。苗本嘉穀，裔本衣裾，遠孫亦曰苗裔。酋本久酒，豪本豪豬，夷目亦曰酋豪。顯目密詮，相距卓遠，若斯之倫，不可殫舉。若本名與本義相稱，引伸名與現義即當相違；若引伸名與現義相稱，本名與本義便亦相違。然用麗俱得，互不相礙，以此知其必不相稱。世人或謂學術典言，有異恒語，此土名義，不能剴切，遠西即無斯過。此亦不然，彼土學者，新立一義，無文可詮，即取希臘、羅甸舊語，轉變成名，聊以別於世俗，猶是引伸名也。希臘舊語或有詮表學術者，義亦不全。形學本言，實爲測地，校其義界，通局有殊。乃至近世電學得名，語因虎魄；化學得名，語因黑土；或云即埃及補提異名。物理學名，語因藥品。或因轉語，或仍故名，何以言剴切乎？夫能取意念、所取事相，廣博無邊，而名言自有分齊，未足相稱，自其埶也。

云何究竟名？尋求一實，詞不能副，如言道，言太極，言實在，言實際，言本體等。道本是路，今究竟名中道字，於所詮中遍一切地，云何可説爲道？太極本是大棟，棟有中義，今究竟名中太極字，於所詮中非支党器，無内無外，云何可説爲太極？實在、實際者，本以據方分故言在，有邊界故言際，今究竟名中實在、實際字，於所詮中不住不箸，無有處所封畛，云何可説爲實在、實際？本體者，本以有形質故言體，今究竟名中本體字，於所詮中非有質礙，不可摶掣，云何可説爲本體？唯真如名最爲精審，莊生猶言「齊與言不齊，言與齊不齊也」。然言説之極，唯是爲表，以此知能詮之究竟名，與所詮之究竟義，不能相稱。用此三端，證其不類。

世人不了斯旨，非獨暗于眇義，亦乃拙于恒言。觀夫轉譯殊言，唯覺彼此同相，轉成誣繆，其過多矣。且如此土言赤，遠西英羯蘭言纍特，德意志言蘿帖，不知纍特、蘿帖，與赤類邪，其不類邪？原夫始通殊域，求其語言者，聞纍特聲及蘿帖聲，猶未了解。語者或指丹沙紅藍染帛相示，是故得知此語是赤，展轉相授，以爲不二。然此土人眼黑如純漆，彼土人眼曄爾漬藍，視色寧無差異？如人以眼從涅頗黎中窺物，赤色即有增上黑相，從藍頗黎中窺物，赤色即有增上藍相，增黑即紫，增藍即紺。如是有一眼如清泠、水玉者，眼色唯是空一顯色，然後視赤無差。而此黑眼人所得赤色，如實是紫，藍眼人所得赤色，如實是紺。雖猶别有紫紺之相，以彼赤上所增黑藍，轉益加深，是故等差增益，無有爽異。然今吾所得赤固非真赤，而彼遠西人眼所取之相名爲纍特、蘿帖者，又不當於此土人眼所取赤相正相，當於此土人眼所取淺紺之相。雖指物適同，而現相各異。指物同則類，現相異則不類，類與不類，等是依彼丹沙紅藍染帛相與爲類。是故譯赤爲纍特、蘿帖，亦譯纍特、蘿帖爲赤，遂若與彼無以異者。究其現相，何得不相異邪？縱復剌取同類人語，用相比合，梵人黑眼，亦稱赤爲遏蘿柯德，與彼纍特、蘿帖同根，然復不可相證。彼亦同依丹沙紅藍之屬，語相流衍，猶是類與不類，相與爲類也，夫焉足以相證乎？

若夫引伸之義，各循其本，顯目則譯語同，密詮則根語異。如梵語稱字曰奢婆達，其本謂聲；此土曰字，本謂孳乳。梵語稱德曰求那，本謂增倍；此土曰德，其本謂得。要以名譯奢婆達，名即書名、正名之名，名本自命，亦言鳴也，有聲義。以多譯求那，戰功曰多，與增倍義近，或譯功德，猶近之。則隱顯皆容相應。言字言德，顯目雖同，密詮自異。然諸隱顯無礙者，無過十之一二。是故諸譯語者，唯是隨順語依、語果，不可得其語相、語因。不喻此旨，轉相執箸，則互相障隔者多，而實不可轉譯。假令梵人言漢字非奢婆達，語本不謬，以本非并音成文也。

若轉譯云漢字非字，此即大謬。何者？本以孳乳而成，何得言非字邪？近人或舉遠西人言漢字非字，唯是符號。此皆不可轉譯之語，譯之遂成誣罔。非知齊物之旨，即轉相欨點，還爲頌美者多矣。若究竟名中，語義多有不齊。如莊生言靈臺，《庚桑楚》篇。臺有持義，《釋文》本謂心能任持。《淮南·俶真訓》：「臺簡以游太清。」注：「臺猶持也。」《釋名·釋宮室》云：「臺，持也。築土堅高，能自勝持也。」《墨子·經說》云：「必謂臺執者也。」臺執，亦即持執之義。相當於梵語之阿陀那。又言靈府，《德充符》篇。府有藏義，《說文》：「府，文書藏也。」《曲禮》注：「府，謂寶藏貨賄之處也。」《天官·宰夫》：「府掌官契以治藏。」相當於梵語之阿羅邪，亦作阿賴邪、阿黎邪。此則意相會合者爾。若彼言阿德門，此譯爲我，乃至補特伽羅，遂無可譯，以我、己、吾、余、卬、陽諸名，無有稱彼數取趣義者。又此言物，并包有生無生，而彼但有薄呼耆婆，衹言衆生，不兼無生之義。彼土或總言達爾摩，相當於此法字，又於言物義不相稱。世人或言東西聖人，心理不異，不悟真心固同，生滅心中所起事相，分理有異，言語亦殊。彼聖不易阿㸚邪聲，此聖不易東西夏語，寧得奄如合符，泯無朕兆？精理故訓，容態自殊，隨順顯相，意趣相會，未有畢同之法也。夫語言者，唯是博棋、五木、旌旗之類，名實本不相依。執名爲實，名家之封囿；淫名異實，狂人之毚愚，殊涂同歸，兩皆不可。夫然，將何以爲中道邪？《墨子·經說》曰：「二名一實，重同也。不外於兼，體同也。俱處於室，合同也。有以同，類同也。二必異，二也。不連屬，不體也。不同所，不合也。不有同，不類也。」但有一同，雖兼數異，且說爲同，其精審者，唯是同多異寡。《墨子・大取》篇云：「重同，具同，連同，同類之同，同名之同，丘同，鮒同，同是之同，同然之同，同根之同。」或兼數者有之，抑亦可以稱説矣，故曰「請嘗言之」也。《攝大乘論》所謂「似法似義，有見意言」。夫斷割一期，故有始；長無本剽，故無始；心本不生，故未始有夫未始有始。計色故有，計空故無；離色空，故未始有無；離遍計，故未始有夫未始有無，此分部爲言也。不覺心動，忽然念起，遂生有無之見。計色爲有，離計孰證其有，計空爲無，離計孰證其無，故曰「俄而有無矣，而未知有無之果孰有孰無也」。然今之論者，現是有言，言既是有，所詮之有，寧得遮撥爲無？而此能詮誠合於所詮不，又無明證，故復説言「未知吾所謂之其果有謂乎，其果無謂乎」。《攝大乘論》無性釋曰：「名於事爲客，事於名亦爾，非如一類。謂名與義，相稱而生，互相繫屬。」名義既不相稱，雖有能詮之名，何與所詮之事。《大乘入楞伽經》説：「雖無諸法，亦有言説，豈不現見龜毛、兔角、石女兒等。世人於中皆起言説，彼非有非非有，而有言説耳。」又云：「非由言説，而有諸法，此世界中蠅蟻等蟲，雖無言説，成自事故。」此則名事非獨相客，且或相離也。

夫如言而計，則大小壽夭之量，歷然有分，此但妄起分別，未悟處識、世識爲幻也。就在處識、世識之中，於此平議爲大小壽夭者，彼見或復相反。夫秋豪之體，排拒餘分；

而大山之形，不辭土壤。惟自見爲大，故不待餘；惟自見爲小，故不辭餘也。殤子之念，任運相續；而彭祖之志，渴愛延年。任運自覺時長，渴愛乃覺時短矣。所以爾者，小不可令至無厚，大不可令至無外，一瞚不可令無生住，終古不可令有本剽。其猶一尺之捶，取半不竭，故雖等在處識、世識之中，而別相卷舒，非槼蔓壺箭所能定也。或云安妙高於豪端，攝劫波於一念，亦無傢焉。末俗横計處識、世識爲實，謂天長地久者，先我而生；形隔器殊者，與我異分。今應問彼，即我形内，爲復有水火金鐵不？若云無者，我身則無；若云有者，此非與天地並起邪？縱令形敝壽斷，是等還與天地並盡，勢不先亡，故非獨與天地並生，乃亦與天地並滅也。若計真心，即無天地，亦無人我，是天地與我俱不生爾。故《知北游》篇説：「冉求問於仲尼曰：『未有天地可知邪？』仲尼曰：『可。古猶今也。無古無今，無始無終。』」明本未有生，即無時分，雖據現在計未有天地爲過去，而實即是現在。亦不可説爲過去，説爲現在，以三世本空故。

今隨形軀爲説，此即並生，而彼一一無生、有生諸行，非獨同類，其實本無自他之異，故復説言「萬物與我爲一」。詳《華嚴經》云：「一切即一，一即一切。」法藏説爲諸緣互應。《寓言》篇云：「萬物皆種也，以不同形相禪。」義謂萬物無不相互爲種。《大乘入楞伽經》云：「應觀一種子，與非種同印。一種一切種，是名心種種。」法藏立無盡緣起之義，與《寓言》篇意趣正同。彼作《法界緣起章》云：「本一有力爲持，多一無力爲依，容入既爾；多一有力爲持，本一無力爲依，容入亦爾。」其《華嚴經指歸》云：「此一華葉，理無孤起，必攝無量眷屬圍繞。此一華葉，其必舒己遍入一切，復能攝取彼一切法令入己内。」義皆與《寓言》篇同。欲成一切即一，一即一切之義，法藏立十錢喻及椽舍喻。見《華嚴一乘教義分齊章》。此但進位退位命分之義，然以説數自可，以之説事，即又不可。所以者何？由此一數進位至十，遞進至百千萬億兆京垓正載，乃至無量，退位亦爾。以有退位故，知一亦緣成，若無小數之十，一不得成故。以有進位故，知一攝於十，謂此一數，即是十數十分之一，非是他數十分之一故。以有退位故，知十是緣成，若無一數，十不得成故。以有進位故，知十亦如一，十之進位望十，亦猶十之望一故。如是遞進遞退，無不皆爾。以有命分故，知一是緣成，謂一亦可命爲三六七九，即此一數，是若三若六若七若九所緣成故，而三六七九，亦可命之爲一。又此一數，亦攝於三六七九，謂據三數，此一即是三數三分之一，非他數三分之一；若據七數，此一即是七數七分之一，非他數七分之一故。如是更據六九，其義亦爾。三六七九，亦復如一，謂以三六七九爲一，如是復可倍爲三六七九，即彼三六七九，望此三六七九還如一故。一於二四五八，亦皆同例。良由一無定數，是故一即一切，一切即一。此以説數，義自可爾，説事即不可者，事非清淨數量可了，有加行轉化所立名，有異分和合所立名。加行轉化所立名者，如彼十錢喻是。彼言向下數之，無十即一不成，義自誠諦。然一數爲退位十數所緣成，一錢更無退位，若析一錢爲十，便不名錢，是故一錢非十小數錢所緣成也。異分和合所立名者，如彼椽舍喻是。彼言椽即是舍，若離於椽，舍即不成故。若去一椽，即破舍非好舍故。此雖成義，而墮因中有果之過，與説泥中有瓶相似。又云本以緣成舍，名爲椽，不作舍，故無椽。此謂椽名由舍而起，若不作舍，衹名木梃，不名爲椽，義亦得通。然若例之版瓦，是亦有過。舍雖因版瓦而有，版瓦不定作舍，此即與椽有異。椽名緣舍而得，版瓦之名不緣舍得，以作几案榜牘棺槨者亦名爲版，作瓶甌壺缶者亦名爲瓦故。若椽即是舍，版瓦不得非舍，而彼版瓦名實皆不因舍。法藏若言舍壞故不名版瓦，斯可謂款言游辭矣。是故一分成立，一分不得成立，便非通例。若云椽可是舍，版瓦非舍者，便違一切即一，一即一切之義。蓋法藏未得名言善巧，故説多有過。如彼錢喻，易一錢十錢爲一銖銅十銖銅，義猶可救。由錢爲加行轉化之名，銅非加行轉化之名故。如椽舍喻，義無可救。由舍是異分和合之名，既名舍已，乃名舍中支搆木梃爲椽。若版瓦名非舍亦立，作舍無改。於椽成義，於版瓦即不成義。縱復成舍以後，版或名摶，瓦或名甍，唯是依用成義，非依體相成義。雖此椽名，亦唯依用，其體相猶是木梃。故曰法藏未得名言善巧，有類詭辯者也。如是彼立二喻，既不得成，若專以數爲量，義故不破。今依《寓言》以解《齊物》，更立新量，證成斯旨。

凡說物種，起於無生諸行。《大毗婆沙論》一百三十六云：「極微是最細色。」此依有方分言。其依無方分言者，彼論一百三十二云：「極微更無細分。」其實二義皆是假說，有方分者無至細之倪，無方分者非可知之境，然有方分猶近之。「此七極微成一微塵，七微塵成一銅塵，《俱舍論》作金塵。七銅塵成一水塵。」銅塵、水塵，今所謂分子也。微塵，今所謂小分子、微分子。極微，乃今所謂原子。依有方分說原子。如一黃金分子，更非火齊所能分析，流黃消石，勢用不行，然其度量，非不可析。又諸金類，增以溫熱，分子張大，明其中間自有隙處，爾則此一分子，更待無量微分乃得集成。而此黃金分子，非獨無量同性微分集成，亦有無量異性微分集成。所以者何？若無異性微分，即不得與異性親和。譬如牝牡相和，牡中非無牝分，牝中非無牡分，若牝若牡，皆是一牝一牡所生，故知即此一分含有二分。若不含二，即無親和事故。又若無有異性微分，即不得與異性相距。譬如牝牡好合，牡遇外牡，情即相妬，以單牝遇外牡，即不相妬，若不含二，即無相距事故。又此黃金分子，體有質礙，色則是黃，黃之與礙，爲一爲二？若是一者，無緣黃礙相殊，是故知其爲二。世俗證言諸有色者攝日光故，然此日光爲染不染？若不染者，黃則不成；若有染者，金中亦有日分。是故金非純金，唯是集合。又此黄金分子，雖名無生，其實有生。所以者何？有重能引他物故。《起信論》言：「依不覺故，生三種相。一者無明業相，以依不覺故心動，説名爲業，覺則不動，動則有苦，果不離因故。二者能見相，以依動故能見，不動則無見。三者境界相，以依能見故境界妄現，離見則無境界。」一者名業識，二者名轉識，三者名現識，此三名細，與心不相應故。業識即作意，轉識即觸，現識即受，並與阿羅邪識相逐相隨。而言與心不相應者，明兼無情之物。《天下》篇引關尹曰：「在己無居，形物自箸。」無居即業識，形物自箸即依轉識所起現識。金有重性能引，此即業識；能觸他物，此即轉識；或和或距，此即現識。是故金亦有識，諸無生者皆爾。但以智識分別不現，隨俗説爲無生。往昔唯識宗義，不許四大名爲生物。佛法諸宗皆爾。今應問彼，若但有識，何故觸有窒礙，身不能過？答言：身識不滅，不能證無窒礙，故不能過，非外有窒礙故。如是雖能成立唯識，離諸過咎，然復問彼，金石相遇，亦不能過，此金爲復有身識不？若言無者，何故金石不能相徹？金不過石，石不過金，而言金石本無身識。如是，人觸窒礙，不能徹過，亦可説言人無身識，唯識義壞。是故非説金石皆有身識，不能成唯識義。

或復詰言，此金爲復有意根不？應答言有。成此小體，即是我見；有力能距，依於我慢。若無意根，此云何成？若復難言，此金分子分析無盡，何者名爲自體？應答彼言，以此金塵攝金微塵，以金微塵攝金極微，假說有方分者。方其在大，大者爲體，小者爲屬；方其在小，小者爲體，遞小爲屬。如人身中有諸細胞，各有情命，人爲自體，細胞爲屬。如人死已，細胞或復化爲微蟲，此即細胞自爲其體。以要言之，一有情者，必攝無量小有情者。是故金分雖無窮盡，亦得隨其現有，說爲自體。此但依唯識俗諦爲言，若依真諦，即唯是識。黄礙諸相，唯是各各有情現量所得，互相爲增上緣，而實非有黄礙。黄金既是生物，即有進化。非以無方分之原子，現爲有方分相，說爲進化；亦不可云分至邊際，即現空相，由是集起，乃爲進化。所以者何？小不可令至無厚，分至邊際，必不能現空相故。是故《河伯》篇云〔二〕：「河伯曰：『世之議者皆云：至精無形，至大不可圍，是信情乎？』北海若曰：『夫自細視大者不盡，自大視細者不明。夫精，小之微也；垺，大之殷也，故異便。此執之有也。夫精粗者，期於有形者也；無形者，數之所不能分也；不可圍者，數之所不能窮也。』」此說至精者不能至無形，無形則更不爲至精，明無分至邊際便現空相之理。《知北游》篇云：「不形之形，形之不形，是人之所同知也，非將至之所務也。明見無值。」此說不形而爲有形者，庸眾所知，實無是義。所以者何？

〔二〕「河伯」，據定本及《莊子》當作「秋水」。

此既無對，明見者亦不見，故明無無方分之原子現有方分之理，是故二者皆不可説進化。而此黄金現是有生，一分子中有無量同性異性集成，是故説爲進化也。如是轉上，以至集體顯現者，其閒更互爲種，明了易知。轉至動物，如一人體，含有無始以來種種動物形性，至單細胞而止；依此人力，又能生起各種細胞，而彼細胞唯是細胞果色。又食牛羊雞鶩肉者，此異性肉，亦化爲人肌肉，菜果穀麥亦爾。虎豹鼉黿，食人嗜人，其化亦爾。非直血肉筋腱各種果色爲然，且如精子，亦由各種飲食展轉同化，如是精子亦緣無量異性生命集成，其更相爲種益明。下逮金石，既亦含於人體，或啖雲母，或餐鍾乳，悉可攝受爲人身分。乃至礜石水銀，食之隕命。既有相害之能，即有相和之道。譬如緩觸即撫，急觸即檛，遠火即煖，逼火即焦，是故無不更相爲種也。以因量有隱顯，故果色亦有隱顯。依顯了説，即不同形，法藏所謂「本一有力爲持，多一無力爲依」是也；若依人力生一細胞，法藏所謂「多一有力爲持，本一無力爲依」是也。然諸小乘異宗，亦能了此。《人毗婆沙論》一百三十一云：「如堅物中，四大極微，體數雖等，而其埶力，地極微增。乃至動物，説亦如是。如一兩鹽，和一兩麨，置於舌上，鹽生識猛，麨生識微，此亦如是。」彼論十一又引「諸法相隱，外道説諸有爲法，互相藏隱」，明知依持隱顯之説，亦不始自《華嚴》。以有顯果，是故胡麻不生赤豆，穭稻不生小麥，形性無亂。《庚桑楚》

篇云：「所惡乎分者，其分也以備。」言待一切，方能成一也。「所以惡乎備者，其有以備。」言已成顯果者，介然恃其一切具足，故更排拒他物也。

凡此萬物與我爲一之説，「萬物皆種，以不同形相禪」之説，無盡緣起之説，三者無分。雖爾，此無盡緣起説，唯依如來藏緣起説作第二位。若執是實，展轉分析，執無盡量，有無窮過。是故要依藏識説此微分，唯是幻有。何者？彼彼皆我相分，而我亦是彼彼相分，若有少缺，執不自成，斯在藏識，其用固然。復有意根，令其堅執，有乘剛之志，故觸礙幻生；懷競爽之心，故光采假現。而實唯是諸心相構，非有外塵，即《知北游》篇所云「際之不際」，本論所云「咸其自取」，義始得通。沙門愚者謂無盡緣起説視如來藏緣起説爲勝，此既顛倒心色，又不悟有無窮過也。又謂如來藏緣起説視藏識緣起説爲勝，不悟藏識即如來藏，《楞伽》、《密嚴》皆言之。且依幻有，説萬物與我爲一，若依圓成實性，唯是一如來藏，一向無有，人與萬物，何形隔器殊之有乎？所謂一者何邪？《般若經》説：「諸法一性，即是無性；諸法無性，即是一性。」是故一即無見無相，何得有言？以藏識中有數識，既見爲一，不得無一之名。呼此一聲爲能詮之名，對此一者爲所詮之事，是「一與言爲二」。識中一種，更與能詮、所詮異分，是「二與一爲三」。本自無性，而起三數，故曰「自無適有，以至於三」。「無適」者，不動之謂，一種一事一聲，泊爾皆寂，然後爲至。所因者何？因其本是一也。此說齊物之至，本自無齊，即前引《大般若經》所謂不可說爲平等性，乃名平等性也。釋第一章竟。

夫道未始有封，言未始有常，爲是而有畛也，請言其畛。有左有右，有論有議，從崔本。有分有辯，有競有爭，此之謂八德。六合之外，聖人存而不論；六合之內，聖人論而不議。《春秋》經世先王之志，聖人議而不辯。故分也者，有不分也；辯也者，有不辯也。曰：何也？聖人懷之，眾人辯之以相示也。故曰辯也者，有不見也。夫大道不稱，大辯不言，大仁不仁，大廉不嗛，大勇不忮。道昭而不道，言辯而不及，仁常而不成，廉清而不信，勇忮而不成。五者园而幾向方矣，故知止其所不知，至矣。孰知不言之辯，不道之道？若有能知，此之謂天府。注焉而不滿，酌焉而不竭，而不知其所由來，此之謂葆光。

崔云：「《齊物》七章，此連上章，而班固說在外篇。」然則此自別爲一章也，仍衍第一章說齊物用。「道未始有封」者，郭云「冥然無不在也」。「言未始有常」者，《老子》所謂「名可名，非常名」也。「爲是而有畛」者，郭云「道無封，故萬物得恣其分域」也。「六合之外」，謂大宇之表；「六合之內」，謂即此員輿。「《春秋》經世先王之志」，經世亦見《外物》篇。《律歷志》有《世經》，則歷譜世紀之書，其短促者，乃是紀年。《春秋》以十二公名篇，亦歷譜世紀也。志即史志，《慎子》云：「《詩》，往志也；《書》，往誥也；《春秋》，往事也。」往事，即先王之志，明非爲後王制法也。宇表事狀，不可臆知，知其非無，故存之；不可別別陳説，故不論列之也。宇内事亦無限，遠古之記，異域之傳，有可論列；人情既異，故不平訂是非也。《春秋》局在區中，而其時亦逝矣，有所臧否，祇隨成俗。《左氏》多稱君子，是其事類。第一章云：「未成乎心而有是非，是今日適越而昔至也。」若夫加之王心，爲漢制法，斯則曲辯之言，非素王之志矣。

詳夫物量無窮，天地未足以定至大之域，是固莊生所明。猶云「存而不論」者，六合有外，可以比量知其總相；其外何狀，既無現量，無由知其別相。存則無損減，不論則無增益，斯爲眇契中道。佛典多論世界形相，荒忽難知。近世言天文者，或云歲星之上有大海隄，熒惑之上有大鐵道，最怪者云，以遠鏡望熒惑星，彼星亦有一人持鏡對望。夫望見鐵道可也，既見其人，又見其人所持遠鏡，然則山川城郭邑屋之倫，大於人體遠鏡多矣，何因反不能見？豈所謂明察秋豪，不見輿薪者乎？足知是妄。此並難求實相。就云遠鏡所睎，而其他察天文者，都未諦見，獨此一人見之，何哉？即此員輿以内，鄒衍説有八十一州，《淮南·地形》亦説種種殊相，今並無有。然《莊子》雜篇亦有《閼奕》、《意脩》、《危言》、《游鳧》、《子胥》諸首，言多詭誕，或似《山海經》，或類占夢書者，見《經典釋文序録》。豈所謂論而不議？將郭子玄所云「一曲之才，妄竄奇説」者乎？夫其風紀萬殊，政教各異，彼此擬議，率皆形外之言，雖其地望可周，省俗終不悉也。若夫《春秋》者，先王之陳迹，詳其行事，使民不忘，故常述其典禮，後生依以觀變，聖人之意盡乎斯矣。《天下》篇曰：「《春秋》以道名分。」名定，故無君帝寧王之殊號；分得，故無漂杵馘磿之盈辭，斯其所以爲美。其他懲惡勸善，率由舊章。若欲私徇齒牙，豫規王度，斯未知無方之傳，應物不窮，豈以姬周末世，而能妄臆嬴鎦之變哉？《老子》曰：「前識者，道之華而愚之始。」明孔父本無是言，《公羊》曲學，成此大愚也。

「人道不稱，大辯不言」，此二本義。「大仁不仁，大廉不嗛，大勇不忮」，此三譬稱之辭。「园」者，司馬云「圓也」。鶩馳愈遠，本量愈乖，是爲畫圓成方也。「知止其所不知」者，即不論不議之謂。孔子亦云：「知之爲知之，不知爲不知，是知也。」又云：「蓋有不知而作之者，我無是也。」釋迦稱一切知者，然於俗諦，唯是隨逐梵土故言，故説史志方輿等事多有不實，此則内外聖哲軌轍有殊者矣。詳夫徵事求因，自謂無所不了。然夫有形之方，長短可劑，而平方求弦，巧算之所不盡，兩自乘之數，相等者并之，開方不能適盡。大方函小，隸首之所不知，大方函小方，積數適相倍相半，而小方之廉，即大方之弦〔一〕，弦可盡則廉必不可盡。故《知北游》篇云：「物已死生方圓，莫知其根也，扁然而萬物自古以固存。」轉復觀之形物，鵠自然白，烏自然黑，孔雀文采，𣗥鉞銛刺，銑鐵必有慈石之用，石英必成六觚之形，縱復説爲想成，説爲業用，何故唯此而能如此，此但可説爲扁然固存者。夫規椝之審、物曲之近，猶不可盡明如是，况其至遠者乎？故曰「不知其所由來」。「葆光」者，崔云「若有若無，謂之葆光」，謂事有象而理難徵也。釋第二章竟。

故昔者堯問於舜曰：「我欲伐宗、膾、胥敖，南面而不釋然。其故何也？」舜曰：「夫三子者，猶存乎蓬艾之閒。若不釋然，何哉？昔者十日並出，萬物皆照，而況德之進乎日者乎？」

「故」爲發端之辭，舊有其例。《禮運》「故聖人參於天地」、「故人者，其天地之德」、「故禮義也者，人之大端也」，《正義》皆别標一章，不承前語。《易·繫辭傳》多

〔一〕「而小方之廉，即大方之弦」，據定本當作「而大方之廉，即小方之弦」。

言「是故」，亦與前文不屬，並是更端之語，知此不連前爲一章也。宗、膾、胥敖，司馬云：「三國名也。」崔云：「宗一也，膾二也，胥敖三也。」郭云：「將寄明齊一之理於大聖，故發自怪之問以起對。夫物之所安無陋也，則蓬艾乃三子之妙處。今欲奪蓬艾之願，而伐使從己，於至道豈弘哉？故不釋然神解耳。若乃物暢其性，各安其所安，無有遠近幽深，付之自若，皆得其極，則彼無不當而我無不怡也。」子玄斯解，獨會莊生之旨。原夫齊物之用，將以內存寂照，外利有情。世情不齊，文野異尚，亦各安其貫利，無所慕往。饗海鳥以太牢，樂斥鷃以鐘鼓，適令顛連取斃，斯亦眾情之所恒知。然志存兼并者，外辭蠶食之名，而方寄言高義，若云使彼野人，獲與文化，斯則文野不齊之見，爲桀、跖之嚆矢明矣。若斯論箸之材，投畀有北，固將弗受。世無秦政，不能燔滅其書，斯仁者所以潸然流涕也。墨子雖有禁攻之義，及言《天志》、《明鬼》，違之者則分當夷滅而不辭，斯固景教、天方之所馳驟，亮不足道。孟子以善戰當服上刑，及舉葛伯仇餉之事，方云「非富天下」。尚考成湯伊尹之謀，蓋藉宗教以夷人國，誠知牛羊御米，非邦君所難供；放而不祀，非比鄰所得問，故陳調諷，待其釁言，爾乃遣眾往耕，使之疑怖，童子已戮，得以復仇爲名。今之伐國取邑者，所在皆是，以彼大儒，尚復蒙其眩惑。返觀莊生，則雖文明滅國之名，猶能破其隱慝也。二者之見，長短相校，豈直龍伯之與焦僥哉。或云物相競爭，智力乃進。案莊生《外物》篇固有其論，所謂「謀稽乎誸，知出乎爭」，「春雨日時，草木怒生，銚鎒於是乎始脩，草木之到植者過半，而不知其然」，知之審矣。終不以彼易此者，物有自量，豈須增益，故寧絶聖棄知，而不可鄰傷也。

向令《齊物》一篇，方行海表，縱無減於攻戰，輿人之所不與，必不得藉爲口實以收淫名，明矣。王輔嗣《易》説曰：「以文明之極，而觀至穢之物，睽之甚也。豕而負塗，穢莫過焉。至睽將合，至殊將通，恢恑憰怪，道將爲一。未至於治[二]，先見殊怪，故見豕負塗，甚可穢也；見鬼盈車，吁可怪也。先張之弧，將攻害也；後説之弧，睽怪通也。」輔嗣斯義，豈所謂莊生之素臣邪？或言齊物之用，廓然多塗，今獨以蓬艾爲言，何邪？答曰：文野之見，尤不易除。夫滅國者，假是爲名，此是檮杌、窮奇之志爾。如觀近世有言無政府者，自謂至平等也，國邑州閭，泯然無閒，貞廉詐佞，一切都捐，而猶横箸文野之見，必令械器日工，餐服愈美，勞形苦身，以就是業，而謂民職宜然，何其妄歟！故應務[三]之論，以齊文野爲究極。此章纔有六十三字，辭旨淵博，含藏眾宜，《馬蹏》、《胠篋》、

[二]「治」，宋淳熙撫州公使庫刻遞修本《周易》、宋兩浙東路茶鹽司刻宋元遞修本《周易注疏》、元相臺岳氏荊谿家塾刻本《周易》等俱作「洽」。

[三]「應務」，錢玄同題籤本、定本作「應物」。

《盜跖》諸篇，皆依是出也。釋第三章竟。

齧缺問乎王倪曰：「子知物之所同是乎？」曰：「吾惡乎知之。」「子知子之所不知邪？」曰：「吾惡乎知之。」「然則物無知邪？」曰：「吾惡乎知之。雖然，嘗試言之。庸詎從俗本。知吾所謂知之非不知邪？庸詎知吾所謂不知之非知邪？且吾嘗試問乎女：民溼寢則腰疾偏死，鰌然乎哉？木處則惴慄恂從班本。懼，猨猴然乎哉？三者孰知正處？民食芻豢，麋鹿食薦，蝍且甘帶，鴟鴉耆鼠，四者孰知正味？猨猵狙以爲雌，麋與鹿交，鰌與魚游。毛嬙、麗姬，人之所美也，魚見之深入，鳥見之高飛，麋鹿見之決驟。四者孰知天下之正色哉？自我觀之，仁義之端，是非之塗，樊然殽亂，吾惡能知其辯。」齧缺曰：「了不知利害，則至人固不知利害乎？」王倪曰：「至人神矣。大澤焚而不能熱，河海沍而不能寒，疾雷破山、風振海而不能驚。若然者，乘雲氣，騎日月，而游乎四海之外。死生無變於己，而況利害之端乎？」

物所同是，謂眾同分所發觸受想思。子所不知，謂觸受想思別別境界何緣而發。又若識及根塵，既由迷一法界而成，迷本無恒，何故數限於六，不能有七。如第一問，已證圓成實性，而見依他起性者，當能知之。如第二問，雖釋迦亦不能知也。迷一法界，乃成六識六根六塵。或欲强説云：猶平方一面轉作立方六面，不可增令七面，不可減令五面，其埶自然。《易》有六爻，義亦取此。作《易》者極深研幾，頗明此旨。爻者，爻亂之義，六爻者，即六亂相，因于六亂識也。此説似是。然立方六面，不可減令至五，不可增令至七。若六識六根外合六塵，此唯人及鳥獸爲然。蛤蚌介類，不見有眼耳鼻等識，根外亦無彼三塵，然則增之不可令七，減之非不可令五、令四、令三，與立方六面殊例。且縱依立方例，迷一法界，何故依平方法？轉成六事，何故依立方法？此終不可知者。《庚桑楚》篇曰：「動以不得已之謂德，動無非我之謂治，名相反而實相順也。羿工乎中微而拙乎使人無己譽。聖人工乎天而拙乎人。夫工乎天而俍乎人者，唯全人能之。唯蟲能蟲，唯蟲能天。全人惡天？惡人之天？而況吾天乎人乎？」「動以不得已」者，謂有根識即不能無塵，又亦目視耳聽不能相爲也。「動無非我」者，謂本由迷一法界，成此六事，迷者即如來藏，如來藏此謂真我。次及無自主者，皆謂之動以不得已，有自主者，皆謂之動無非我，二者名固相反，實還相順。何以明之？由我自迷，故生六事，此則動無非我爲因，動不得已爲果。由此六事不能相爲，乃生勝解及慧，或則決定不可轉移，或則簡擇不可眩惑，此又動不得已爲因，動無非我爲果。近世塞楞柯調和必至、自由二説，義正類此。然物類最劣者，唯是動不得已，金石悉然，蟲亦近之。委心任化，此謂「唯蟲能蟲」。心無勝解，此謂「唯蟲能天」。聖人樂天，亦效是爾。乃若全人則不然，知彼亂識，因迷故成，而是以惡天也。然且不壞法性，是謂「工乎天」，發心趣道，是謂「俍乎人」。又知迷悟不二，故都不辨天人也。夫然，迷一成六，義雖可知，迷一所成，不過於六，此終不可知者。《起信論》解之曰：「如人迷故，謂東爲西，方實不轉。衆生亦爾，無明迷故，謂心爲念，心實不動。」又曰：「猶如迷人，依方故迷，若離於方，則無有迷。衆生亦爾，依覺故迷，若離覺性，則無不覺。」此謂方位本有，或分四正四隅，或析爲二十四，或析爲三百六十，迷者雖迷，終不出此數外。若爾，本覺心中，豈有眼耳鼻舌身意等六根六識及彼所取六塵？何故迷時乃有此數？此仍不能解也。

「物無知」者，《起信論》所謂「一切衆生，不名爲覺，以從本來念念相續，未曾離念，故說無始無明」。而實不覺，亦不可知。所以者何？迷亦是覺，物無不迷，故物無不覺。今云無知，雖一切知者亦何能知之。然則第二第三兩問皆不可知，唯第一問容有可說。觸受想思，唯是織妄，故知即不知也。達一法界，心無分別，故不知即知也。

次舉五感所取，任運分別所得，明見相本無定法。夫冰寒火熱，世以爲塵性必然，然款冬華於層冰，火鼠游乎赫燄，司馬紹統說火不熱，已引火鳥火蟲爲證。《俱舍論》九云：「曾聞析破炎赤鐵團，見其中有蟲生。」今人亦見鎔白金者，以一種微菌同置鑪中，白金已鎔，菌猶故活，是皆其例。則知冰未必寒，火未必熱。人所謂知，或應款冬火鼠所謂不知；即彼所知，此亦以爲不知；此之不知，又應彼所謂知矣。然則物情既殊，以何爲質？世之驗者，輒以瀕流升降，審察寒煖。徒以白日曬光，積燎流燹，所熏之處，瀕自上騰，而未知其果熱耶，且非熱耶？司馬紹統説火不熱云：金木加人則有楚痛，而金木非楚痛，則知火亦非熱。假令欲驗痛之微劇，橫刀決石，持箠朾囊，觀其組裂難易，則於人楚痛深淺可知，而彼石囊，曾無痛覺。夫然，以瀕驗熱，亦奚以異此邪？如是勢用流轉，理亦同斯。夫索留薪於熾餤，餤無能留之薪；求恬羽於轉飆，飆無自恬之羽。此但人類依以爲驗，而火不焚水，風不吹光，毳布浣火而不焦，江豚逆風而無優，則知火不能焚，風不能盪也。所以者何？對於爾所能焚能盪，對於爾所不焚不盪，即不得説爲能焚能盪者。如彼牛羊視人爲能殺者，而人不能殺地水火風，則人實不爲能殺者。故發正處、正味、正色之問，明能覺者既殊，則所覺者非定，此亦所以破法執也。人與飛走，情用或殊，轉驗之人，蚳醢，古人以爲至味；燔鼠，粵人以爲上肴，易時異地，對之欲噦，亦不應説彼是野人，我有文化，以本無文野故。轉復驗之同時同地者，口之所適，則酸腐皆甘旨也；愛之所結，雖嫫母亦清揚也。此皆稠處恒人，所執兩異，豈況仁義之端，是非之塗，而能有定齊哉？但當其所宜，則知避就取舍而已。必謂塵性自然，物感同爾，則爲一覘之論，非復齊物之談。若轉以彼之所感，而責我之亦然，此亦曲士之見。是故高言平等，還順俗情，所以異乎「反人爲實，勝人爲名」

者也。

若大至人者，親證一如，即無歧相現覺，無有風雷寒熱，尚何侵害之有？《大毗婆沙論》三十一云：「傾動大捨，故名大悲。若佛安住大捨法時，假使十方諸有情類，一時吹擊大角大鼓，或現雷震掣電辟歷，諸山大地傾覆動摇，不能令佛舉心視聽。」此乃所謂至人。郭云：「夫神全形具而體與物冥者，雖涉至變，而未始非我，故蕩然無蠆介於胸中也。」釋第四章竟。

瞿鵲子問乎長梧子曰：「吾聞諸夫子，聖人不從事於務，不就利，不違害，不喜求，不緣道；無謂有謂，有謂無謂，而游乎塵垢之外。夫子以爲孟浪之言，而我以爲妙道之行也。吾子以爲奚若？」長梧子曰：「是皇帝之所聽熒也，而丘也何足以知之。且女亦大早計，見卵而求時夜，見彈而求鴞炙。予嘗爲女妄言之，女以妄聽之，奚旁日月，挾宇宙，爲其脗合，置其滑涽，以隸相尊。衆人役役，聖人愚芚，參萬歲而一成純，萬物盡然，而以是相藴。予惡乎知説生之非惑邪，予惡乎知惡死之非弱喪而不知歸者邪？麗之姬，艾封人之子也。晉國之始得之也，涕泣沾襟；及其至於王所，與王同筐牀，食芻豢，而後悔其泣也。予惡乎知夫死者不悔其始之蘄生乎？夢飲酒者，旦而哭泣；夢哭泣者，旦而田獵。方其夢也，不知其夢也。夢之中又占其夢焉，覺而後知其夢也。且有大覺而後知此其大夢也，而愚者自以爲覺，竊竊然知之。君乎，牧乎，固哉。丘也與女皆夢也；予謂女夢，亦夢也。是其言也，其名爲弔詭。萬世之後而一遇大聖知其解者，是旦莫遇之也。既使我與若辯矣，若勝我，我不若勝，若果是也，我果非也邪？我勝若，若不吾勝，我果是也，而果非也邪？其或是也，其或非也邪？其俱是也，其俱非也邪？我與若不能相知也，則人固受其黮闇。吾誰使正之？使同乎若者正之？既與若同矣，惡能正之？使同乎我者正之？既同乎我矣，惡能正之？使異乎我與若者正之？既異乎我與若矣，惡能正之？使同乎我與若者正之？既同乎我與若矣，惡能正之？然則我與若與人俱不能相知也，而待彼也邪？何謂和之以天倪？曰：是不是，然不然。是若果是也，則是之異乎不是也亦無辯；然若果然也，則然之異乎不然也亦無辯。化聲之相待，若其不相待，和之以天倪，因之以曼衍，所以窮年也。忘年忘義，振於無竟，故寓諸無竟。」

此章初説生空，次説生空亦非辭辯可知，終説離言自證。「不就利，不違害」者，郭云：「任而直前。」「不喜求」者，謂不欲求長生，亦不欲求寂滅。「不緣道」者，謂知道不可緣，所證無有境界，若《華嚴經》説「無有少法爲智所入，亦無少智而入於法」，故雖隨俗言緣，其實不緣也。「無謂有謂」者，《寓言》篇云：「終身不言，未嘗不言。」「有謂無謂」者，《寓言》篇云：「終身言，未嘗言也。」「游乎塵垢之外」者，郭云：「凡非真性，皆塵垢也。」此本妙道之行，而長梧子方復以爲早計者，此理本在忘言之域，非及思議之閒，不悟其因而求其果，終入佝瞀之塗，故嘗爲妄言，令隨順得入也。「旁日月」等，皆説生空，明所以不就利、不違害、不喜求之故。「旁日月」者，喻死生如晝夜；「挾宇宙」者，喻萬物本一體。「脗合」者，郭云：「無波際之謂。」「滑涽」者，向作「汩涽」，云「未定之謂」，此當喻亂相亂體。「隸」者，《田子方》篇曰：「棄隸者若棄泥塗，知身貴於隸也，貴在於我而不失於變。且萬化而未始有極也。」此乃近神我説，亦得通如來藏説，未審本義何屬。詳其言隸，以比四支百體，總爲身根。「以隸相尊」，即佛法所謂薩迦邪見。此言死生無異，萬物一如，於中妄箸亂相亂體，乃起薩迦邪見。眾人馳流無已，而聖者愚芚，若不知也。愚非誠愚。《人閒世》篇云：「聞以有翼飛者矣，未聞以無翼飛者也；聞以有知知者矣，未聞以無知知者也。瞻彼闋者，虛室生白，司馬云：「闋，空也。室比喻心，心能空虛，則純白獨生也。」吉祥止止。夫且不止，是之謂坐馳。」以無知知，即愚芚義；不止坐馳，即役役義。夫愚芚者，其觀萬歲，猶一純束之中，纏縛不解，萬物盡然，以是薩迦邪見積起塵勞，斯非知者所能知，乃不知則知之矣。如言而計，說生惡死，寧知非惑。喻以麗姬涕泣，此非以死爲得所，特矯說生之義。覺夢之喻，亦非謂生夢死覺。大覺知大夢者，知生爲夢，故不求長生；知生死皆夢，故亦不求寂滅。愚者不悟身爲臺隸，而顧君牧視之，見有主宰，斯亦固矣。然長梧所論，亦非親證實相之談，故必俟大聖於萬世，庶知其解。

次明雖俟大聖，亦不可定生空義。何以明之？辯者證者，無過四句，雖復待之大聖，大聖有自證之功，亦無證他之語，以大聖語亦隨俗，不離四句故。夫然，則有謂無謂、無謂有謂之爲妙道，於是斷可識矣。終說「和之以天倪」者，以大聖亦不能證成生空，故惟有自證也。「天倪」者，郭云：「自然之分。」云何可知？謂離絶擬議，自内證知，斯爲知自然之分。如飲井者，知其鹹淡，非騁辯詭辭所能變。然則是異不是，然異不然，造次而決，豈勞脣舌而煩平訂哉〔二〕？然諸自證，亦有真俗之殊。五感所得，言不可破，其間能覺所覺，猶是更互相待，青黃甘苦諸相，果如是青黃甘苦否？《大宗師》篇云：「夫知有所待而後當，其所待者特未定也。」此徒俗中自證，未爲真自證者。其真自證，乃以不知知之，如彼《起信論》說：「若心起見，則有不見之相，心性離見，即是遍照法界義故。」

〔二〕「平訂」，錢玄同題籤本、定本作「平定」。

《大宗師》篇云：「有真人而後有真知。」此爲離絶相見對待之境，乃是真自證爾。

「化聲」者，即謂似法似義，有見意言，自非親證，而待左證平議於人言，雖遇大聖，猶不能條理斯義，亦與不待無殊，何爲棲棲遠求萬世乎？「和之以天倪，因之以曼衍，所以窮年」者，《寓言》篇云：「重言十七，所以已言也，是爲耆艾。年先矣，而無經緯本末以期年耆者，是非先也。人而無以先人，無人道也；人而無人道，是之謂陳人。卮言日出，和以天倪，因以曼衍，所以窮年。」詳彼文義，謂依據故言，若因明所謂聖教量者，足以暫寧諍論，止息人言，乍似可任，而非智者所服。唯和之自然之分，任其無極之化，則是非之境自泯，而性命之致自窮也。忘年謂齊死生，忘義謂遣是非，是非死生，蕩而爲一，至理暢乎無極，故寄之者不得有窮。本郭義。詳《荀子·致士》篇亦云「美意延年」，《修身》篇亦云「扁善之度，以治氣養生，則後彭祖；以修身自名，則配堯禹」，豈謂能使顔淵秀實，伯牛考終哉？能見道者，善達生空，則存亡一致；已證道者，刹那相應，則紓促改觀。夫然，故知游乎塵垢之外，非虚語也。釋第五章竟。

罔兩問景曰：「曩子行，今子止；曩子坐，今子起，何其無持從或本。**操與？」景曰：「吾**

有待而然者邪？吾所待又有待而然者邪？吾待蛇蚹、蜩翼邪？惡識所以然，惡識所以不然？」

《釋文》：「景，映永反，本或作影。」今按景本訓光，當如字讀。罔兩，向云「景之景」，蓋謂反射餘光。夫晷景遷馳，分陰不駐，此爲自無主宰，別有緣生，故發罔兩問景之端，責其緣起。世人皆云光待日輪，或復待火，或復待電；亦云光所由傳，待諸游氣，轉上氣盡，別有伊態爾者爲之傳引。此則日火電等爲其本因，餘悉外緣。然彼光、熱、電三展轉相生，有無窮過，故曰「吾有待而然者邪，吾所待又有待而然者邪」。光必相傳，故能破闇。《十二門論》所説鐙不到闇，蓋已無效。然傳光待氣，世所證知，以頗黎瓶排令氣盡，光復得通，由此説言，復有精氣，名伊態爾，爲能傳光。而彼伊態爾者，誰所證得？或説真空中有欸奈盧鷄，其無證亦同此。不驗之言，更無理喻。復云何知真空不能傳光，故曰「吾待蛇蚹蜩翼邪」。然則光景駿流，人所恒覩，揣其由然，前者即違比量，後者即無現量，皆不極成，故曰「惡識所以然，惡識所以不然」。佛法立四種道理，若斯之流，不見作用道理，唯有觀待道理，不得證成道理，唯依法爾道理。且彼法爾道理者，即猶老莊所謂自然。近人簫賓閅爾於轉化充足主義、忍識充足主義之外，別立存在充足主義，亦猶佛法之立法爾道理也。而彼自然亦非莊生所能誠信。如全人惡天之説。言「惡識所以然，惡識所以不然」者，非信法爾道理，正破因果律耳。佛法立十二緣生，前有後有，推盪相轉，而更無第一因。《大乘入楞伽經》曰：「大慧菩薩白佛言：佛説緣起，是由作起，非自體起；外道亦説勝性、自在、時、我、微塵生於諸法。今佛世尊，但以異名説作緣起，非義有別。外道亦説以作者故，從無生有；世尊亦説以因緣故，一切諸法本無而生，生已歸滅。如佛所説，無明緣起〔二〕，乃至老死。此説無因，非説有因。世尊説言此有故彼有，若一時建立，非次第相待者，其義不成。是故外道説勝，非如來也。何以故？外道説因，不從緣生而有所生；世尊所説，果待於因，因復待因，如是展轉，成無窮過。此即莊生所破。又此有故彼有者，則無有因。佛言：我了諸法，唯心所現，無能取所取，説此有故彼有，非是無因及因緣過失。大慧，若不了諸法唯心所現，計有能取及以所取，執箸外境，若有若無，彼有是過，非我所説。」詳夫因緣及果，此三名者，隨俗説有；依唯心説，即是心上種子，不可執箸説有，是故緣生亦是假説。莊生云：「惡識所以然，惡識所以不然？」正謂此也。唐世沙門多謂莊生不達緣生之理，案《寓言》篇云：「莫知其所終，若之何其無命也。莫知其所始，若之何其有命也。」非無命，非有命，即不得不説緣生。《田子方》篇云：「日出東方而入

〔二〕「緣起」，據定本當作「緣行」。

於西極，萬物莫不比方，有目有趾者，待是而後成功，是出則存，是入則亡。萬物亦然，有待也而死，有待也而生。吾一受其成形，而不化以待盡，效物而動，日夜無隙，而不知其所終；薰然其成形，知命不能規乎其前，丘以是日徂。」此所引者，乃仲尼說，明言死生有待。誰謂孔莊二哲，不達緣生，特無十二種名號耳。然依《庚桑楚》篇云：「有生，黬也，披然曰移是。」「請嘗言移是，是以生爲本，前有之生也。以知爲師，無明、行、識三支，通得云知。因以乘是非；因識以起彼此之見，則心物宛殊矣。果有名實，名實即名色，亦兼六處。知爲因，名實爲果，即識緣名色，名色緣六處也。因以己爲質；己謂身根，因有名色、六處，因是起觸，觸以身根爲質。使人以爲己節，節者，字本作卩，《說文》：「卩，瑞信也。」非彼無我，以觸彼故，方知有我，是使所觸者爲能觸者之符驗也，故次得受、愛、取、有四支。因以死償節。償卩，猶持卩者事已則致卩也。觸、受、愛、取、有既了，所作成辦，乃以死償節，則更趣後有之生死二支。若然者，以用爲知，以不用爲愚，以徹爲名，以窮爲辱。知愚之見即惑，名辱之見即業，此總舉緣生之事。移是，今之人也，是蜩與學鳩同於同也。」向之移是爲今之人，今之移是爲後之人，雖因業所感，取趣有殊，而因惑所成，結生無異，故曰「蜩與學鳩同於同」也。此所引者，乃老聃說，與十二緣生大體相符。且譯者所用因果二名，尚因《莊子》，《莊子》所言果，與佛典之果同義；其言因者，則倒本前事之言，與佛典辭气有差，義乃無異。輒以孔隙之明，妄非先達，斁孰甚焉。

又云莊生不達唯心之理，詳此所謂成心，即是識中種子。《德充符》所言靈府，即是阿羅邪識，《庚桑楚》所言靈臺，即是阿陀那識。阿羅邪譯言藏，阿陀那譯言持，義皆密合。《庚桑楚》篇云：「靈臺者有持，許叔重、郭子玄皆説靈臺爲心，《釋文》云：「靈臺，謂心有靈智，能任持也。」而不知其所持，而不可持者也。不見其誠己而發，每發而不當，業入而不舍，每更爲失。」夫「靈臺有持」者，阿陀那識持一切種子也；「不知其所持」者，最深細不可知也。《解深密經》云：「阿陀那識最深細。」《三十唯識頌》云：「阿賴邪識不可知。」「不可持」者，有情執此爲自内我，即是妄計，若執唯識真實有者，亦是法執也。「不見其誠己而發」者，意根以阿陀那識爲真我，而實不見其形，然思慮動作依之以發也。「每發而不當」者，三細與心不相應也。「業入而不舍」者，六粗第五爲起業相，白黑羯磨，熏入本識，種不焦敝，每發而不當，説惑；業入而不舍，説業。由前異熟，生後異熟，非至阿羅漢位，不能捨藏識雜染也。「每更爲失」者，恒轉如暴流也。詳其言持、言業、言不舍，非獨與大乘義趣相符，名相亦適相應，雖以玄奘、窺基之辯，何能强立異同哉。

然此章復破緣生，而作無因之論。《寓言》篇且云「生無所自」，説者不了，遂謂莊生純執自然，他無所曉，斯所謂焦明已翔乎寥廓，獵者猶視乎藪澤也。《大宗師》篇云「孟孫氏不知所以生，不知所以死」，「唯簡之而不得，夫已有所簡矣」。此謂不知生死所緣，非誠不能簡別也。徒以推究無窮，故簡之而不得，斯亦莊生所以自喻。誠令專説緣生，果能避無窮過乎？説無因者，亦佛法最後了義。《大乘入楞伽經》云：「世論婆羅門問我言，無明、愛、業爲因緣故，有三有邪？爲無因邪？我言此二亦是世論。」是則緣生正是世論，無因無緣而生亦是世論。又云：「爲除有生執，成立無生義。我説無因論，非愚所能了。一切法無生，亦非是無法。如乾城幻夢，雖有而非真[一]。」此乃以無因論爲究竟。蓋諸法不生，因緣亦假，雖宣説無因，有異常斷二見也。其以乾城幻夢喻，雖有而無因，語亦有過。乾城具言乾闥婆城，即此海市，亦以反影回射而成，其所依質，猶是對岸山巒城郭，非爲無因。夢亦有因，樂彥輔説夢是想，云未嘗夢擣齏、啗鐵杵、乘車入鼠穴，以素無其想爾。唯幻或可無因，然施幻術者，亦即是因。大抵近事無有不從因緣生者，唯展轉推求，則不得其第一因耳。故雖有無因之義，於近事中無可舉例，展轉推求，無非斯例。又云：「隨俗假言説，因緣遞鉤瑣。若離因緣瑣，生義不可得。我説唯鉤瑣，生無故不生。離諸外道過，非凡愚所了。若離緣鉤瑣，別有生法者，是則無因論，破壞鉤瑣義。」夫言別有生法者，以其緣會衆多，無有主因可得，心既不了，由是説無因論，此愚夫一切之見也。今説生之所因，還待前生，展轉相推，第一生因，唯心不覺，不覺故動，動則有生，而彼心體非從因緣和合而生。所以爾者，世識三時，即心種子，因果之識，亦心種子，

[一]「非真」，據《大乘入楞伽經》卷五《無常品第三之二》，當作「無因」。

不以前後因果而有心，唯依心而成前後因果，如是説無因論，乃成無過。假有第一生期，此即唯是心動，更無他因。雖依因果説，不覺爲因，動爲其果，動復爲因，生爲其果，而實不覺即動，動即是生，更無差別，故曰生無自也。問以緣會衆多而生無因論者，其義云何？答言：凡言因果，其閒差別衆多。《瑜伽》、《唯識》並説十因五果，若專藉一因而成一果者，近事固鮮其例。今有一人，欲破因果之律，乃云世俗説言種瓜得瓜，爲問瓜子爲因？種者爲因？種具爲因？種事爲因？土田爲因？又如撞鐘成聲，爲問鐘體爲因？撞者爲因？撞具爲因？撞事爲因？種種不可相離，而不得謂因有爾所自體，是故説無因論。然此實是淺陋不學之見。所以者何？一果本非一因所成，《大毗婆沙論》二十一云：「法既與多法爲能作因，多法亦與一法爲能作因。」今依法相，但説主因爲能生因，其餘諸緣可説爲方便因。瓜望瓜子爲生起因，瓜子望瓜爲等流果；種事望種者爲士用依處，種事望種具爲作用依處；種者、種具望種事爲士用果，種事望瓜爲增上果，土田望瓜亦增上果。鐘聲望鐘爲生起因，其望撞具，亦有一分爲生起因；鐘聲因鐘與椎和合得成，本是雜聲。鐘望鐘聲爲異熟果，撞具望鐘聲，亦有一分爲異熟果；異熟果本不據無情爲説，然今借以成義，意趣相合。撞事望撞者爲士用依處，撞事望撞具爲作用依處；撞者、撞具望撞事爲士用果，撞事望鐘聲爲增上果，本無疑義。徒以世人誤執一因一果，遂墮疑處，簫賓問爾、弭爾皆不精解因果别相，何論苟談名理者乎？且種瓜得瓜，而撞鐘不能得鐘，唯得鐘聲，此則等流、異熟，果本不同。然種瓜唯是得瓜，雖以茜草、蝦蟇藍等種種汁色，染入瓜子，能令瓜色有異，而不能令成非瓜，故即生起因可説爲同類因。撞鐘所得亦是鐘聲，雖木椎敂發，雜有金木二音，金音固爲其主；縱令以磬撞鐘，能得鐘磬各半之聲，而不能令無鐘聲，故即生起因可説爲定異因也。然《瑜伽師地論》説因是無常，《大毗婆沙論》二十一亦云：「我説諸因，以作用爲果，非以實體爲果。」又説：「諸果以作用爲因，非以實體爲因。諸法實體，恒無轉變，非因果故。」今説瓜子土田與瓜，鐘體撞具與聲，相爲因果者，别言以有形相者爲實體，無形相者爲非實體；廣言即一切形相皆無實體，以有轉變，非不可壞，故説無實。雖至金鐵樸鋌，唯是一注，固者可化爲液，液者可化爲固，未有恒無轉變者，豈況雜集流形之品，而可説爲不變？如是因果歷然，無所疑滯。不了者唯許有一主宰，今見主宰猥多，遂生無因之義。是故等是一無因論，智愚之分，有若天壤者矣。

沙門詰言：莊生《庚桑楚》篇云：「萬物出乎無有。有不能以有爲有，必出乎無有，而無有一無有。」斯非斷滅之見邪？答曰：彼言有者，即如近人所計物質在五塵外，非現量得，無形礙故，非比量得，界最廣故。莊生意言，假令誠有物質者，物質不能自忍物質爲物質，誰忍之者，唯是心量。然以現量、比量觀察物質，此中現量不能觸受，比量不能推度，唯是依於法執，忍有物質，而彼法執即是遍計，遍計所執自性本空，故知萬物出乎無質。質既是無，即此萬物現相，有色有聲有香有味有觸者，唯是依他起性，屬於幻有，故曰「無有一無有」也。《老子》亦云：「天下萬物生於有，有生於無。」初語隨法、我執，故云萬物生於本質；次語破法、我執，故云本質生於無。無者云何？即遍計所執自性。此性本無，無則不生，而言生於無者，欲以無之能生，證明有之爲幻，所謂正言若反者矣。又《天地》篇云：「泰初有無，無有無名；一之所起，有一而未形。物得以生，謂之德；未形者有分，且然無閒，謂之命；留動而生物，物成生理，謂之形；形體保神，各有儀則，謂之性。」郭子玄曰：「一者，有之初，至妙者也。至妙，故未有物理之形耳。夫一之所起，起於至一，非起於無也。然莊子之所以屢稱無於初者，何哉？初者，未生而得生，得生之難，而猶上不資於無，下不待於知，突然而自得此生矣。」今案彼言無者謂質，彼言一者謂心，是皆說物質本無，而不說心量本無，正契唯心勝義，寧同斷滅之見乎？近世達者，莫若簫賓問爾，彼說物質常在之律，非實驗所能知，唯依先在觀念知之。然不悟此先在觀念，即是法執，其去莊生之見，倜乎不及遠矣。若復問言，何由知莊生所謂無有者，即指遍計所執自性？應答彼言，第一章中其義已了，今復再徵他篇，廣爲其驗。《大宗師》篇云：「陰陽於人，不翅於父母；彼近吾死而我不聽，我則悍矣。」此似計陰陽爲有。《庚桑楚》篇乃云：「寇莫大於陰陽，無所逃於天地之閒。」非陰陽賊之，心則使之也。」此明謂陰陽非有，唯心所使。《天地》篇云：「其心之出，有物采之。」《説文》無採，舊作採，誤。郭説爲采摭義，亦非。此謂心既現起，即有種種似物似色爲其綺飾，愚夫分別而作物想，則爲妄計。如是依他、遍計等義，本是莊生所有，但無其名，故知言無有者，亦指斥遍計所執自性也。烏虖，莊生振法言於七篇，列斯文於後世[一]，所説然於然、不然於不然義，所待又有待而然者義，圓音勝諦，超越人天。如何褊識之夫，不尋微旨，但以近見破之？世無達者，乃令隨珠夜光，永埋塵翳。故伯牙寄弦於鍾生，斯人發歎於惠墓，信乎臣之質死，曠二千年而不一悟也，悲夫。釋第六章竟。

昔者莊周夢爲胡蝶，栩栩然胡蝶也，自喻適志與，不知周也。俄然覺，則蘧蘧然周也。不知周之夢爲胡蝶與，胡蝶之夢爲周與？周與胡蝶，則必有分矣。此之謂物化。

[一] 「列」，原作「到」，據定本改。

郭云：「今之不知胡蝶，無異於夢之不知周也，而各適一時之志，則無以明胡蝶之不夢爲周矣。世有假寐而夢經百年者，則無以明今之百年非假寐之夢者也。」詳夫寤寐殊流，孰爲真妄，本無可知。康德謂以有覺時故知夢妄，此非了義之言。夢云覺云，計其時序，分處有生之半，若云以覺故知夢妄，亦可云以夢故知覺妄。或云衆所共見爲真，已所别見爲妄，然則漂播南州，乃至冰海，倏見異獸，而他人不窺者衆矣，何見彼之必真，此之必妄。然惑者以覺爲真，忍夢亦真；明者辨夢爲妄，知覺亦妄。但以覺時所得言説受想，皆依教誦串習而成，夢則宛爾自就，亦不能餘於覺外，故説覺爲本相，夢爲殘相。其閒亦有少許差别，夢覺境同者，如專看一物，瞑目唯覺此物現前；夢覺境異者，如專看絳色，瞑目乃覺緑色現前是也。若夫常在定者，覺時無妄，睡中亦無妄相。是以《大宗師》篇云：「古之真人，其寢不夢。」《大毗婆沙論》三十七：「問：何等補特伽羅有夢？答：異生、聖者皆得有夢，聖者中從豫流果乃至阿羅漢、獨覺，亦皆有夢，唯除世尊。所以者何？夢似顛倒，佛於一切顛倒習氣皆已斷盡，故無有夢。如於覺時心、心所法無顛倒轉，睡時亦爾。」此正同《大宗師》説，諸有夢者，皆由顛倒習氣未盡耳。

然尋莊生多説輪回之義，此章本以夢爲同喻，非正説夢。《大宗師》篇云：「若人之形者，萬化而未始有極也。」《養生主》篇云：「適來，夫子時也；適去，夫子順也。」

「指窮於爲薪，火傳也，不知其盡也。」《知北游》篇云：「生也死之徒，死也生之始。」《田子方》篇云：「生有所乎萌，死有所乎歸，始終相反乎無端，而莫知乎其所窮。」《寓言》篇云：「有以相應也，若之何其無鬼邪？無以相應也，若之何其有鬼邪？」非無鬼，非有鬼，離斷常見，則必議及輪回。而彼梵土，積喙相傳，有輪回義，非獨依於比量，亦由借彼重言。此土既無成證，鯀化黄熊，緩作秋柏，唯有一二事狀，而不能覩其必然。質言輪回，既非恒人所見，轉近夸誣，故徒以夢化相擬，未嘗質言實爾。《庚桑楚》篇云：「嘗言移是，非所言也。雖然，不可知者也。」《大宗師》篇云：「方將化，惡知不化哉？方將不化，惡知已化哉？」此皆百姓與能之義，大人質要之言。所以者何？等之無有現量，唯有比量，親證不得，而可質言其有，斯乃近於專斷。就有重言，亦非聰睿質誠者所保信。學者傳信之文，不應爾也。佛法所説輪回，異生唯是分段生死，不自主故；聖者乃有變易生死，得自主故。如説老聃不知其盡，仲尼以是日徂，斯皆變化生死之類〔二〕，而莊生亦無異文別擇，皆以事在難徵，不容苟且建立，斯其所以爲實談歟？至乃六趣升沈之説，善惡酬業之言，斯猶將形順理者無鼠憂之纍，耽色嗜醇者有疾疢之災，理有必至，而

〔二〕「變化」，定本作「變易」。

莊生無又焉。既以事無期驗，又亦不益勸懲。夫靜然可以補病，眥㰷可以休老，鹵莽其性者，至乎漂疽疥癰，内熱溲膏，此皆莊生所箸，醫經方術亦具言之，顧世人從者幾何。若其渴望無已，攻取萬端，王章禁盜，非不厲也，而褰裳赴鑊者甘之若薺，噬膚滅鼻者就死如飴。故《老子》曰：「民不畏死，奈何以死懼之。」又況形身變化，情之所隔，雖復當遭炮烙，其何憚哉？就有少畏，執箸之念轉成，蓋如鳩食桑葚，非不革響，然其心亦醉矣。向之人非六趣升沈之所動，斯之人則六趣升沈之所封，以斯垂訓，誠無益也。輪回生死，亦是俗諦，然是依他起性，而非遍計所執性。前章説無待，所以明真，此章説物化，所以通俗，其他同異，固闕然不論焉。或云：輪回之義，莊生、釋迦、柏剌圖所同，佛法以輪回爲煩惱，莊生乃以輪回遣憂，何哉？答曰：觀莊生義，實無欣羡寂滅之情。唯《大宗師》篇説：「卜梁倚參日外天下，七日外物，九日外生，次乃朝徹，次乃見獨，次乃無古今，次乃入於不死不生。」則佛法所謂遠行地之大士也。然能不見生死者，雖復出入生死，而親證其本不生。《起信論》所謂「離於妄見，不住生死，攝化衆生，不住涅槃」。《大乘入楞伽經》謂此爲菩薩一闡提，云：「知一切法，本來涅槃，畢竟不入，非捨善根。」此蓋莊生所詣之地。原夫大乘發心，唯在斷除爾燄，譯言斷所知障，此既斷已，何有生滅與非生滅之殊。《德充符》篇云：「幸能正生，以正衆生。夫保始之徵〔二〕，不懼之實，勇士一人，雄入於九軍。將求名而能自要者，而猶若是，而況官天地，府萬物，直寓六骸，象耳目，一知之所知，而心未嘗死者乎？」莊生本不以輪轉生死遺憂，但欲人無封執，故語有機權爾。

又其所志，本在内聖外王，哀生民之無拼，念刑政之苛殘，必令世無工宰，見無文野，人各自主之謂王，智無留礙然後聖。自非順時利見，示現白衣，何能果此願哉？苟專以滅度衆生爲念，而忘中塗恫怨之情，何翅河清之難俟，陵谷遷變之不可豫期。雖抱大悲，猶未適於民意。夫齊物者，以百姓心爲心，故究極在此，而樂行在彼。王輔嗣《易》説曰：「官有渝變，隨不失正。」明斯旨也，其何波瀾同異之辯乎？《則陽》篇云：「憂乎知而所行恒無幾時，其有止也若之何？」憂乎知，言欲斷所知障也。所行無盡時，即所謂不住涅槃。不住涅槃，云何言滅盡？「師天而不得師天，與物皆殉，其以爲事也若之何？」天即自然，此土無法性之名，故以天言之。言欲順法性無生，而事則恒是有生。與物皆殉，其自所有事者，復當如何？亦猶佛法既言超出三界，又言入胎出胎成道轉法輪也。聖人未始有天，未始有人，未始有始，未始有物，物讀如物故之物，字正作歾，終也。與世偕行而不替，替，廢，一偏下也。所行之備而不洫，洫讀如卹，鮮少也。其合之也若之

〔二〕「徵」，原作「微」，據定本及《莊子·德充符》改。

何？」既無法執，而又具足無量功德，云何「等同一味，唯一真如」。設此三難，用相磑礭，以見內證聖智，與隨世示現之相，本自不同。是故《天地》篇云：「其與萬物接也，至無而供其求，時騁而要其宿，「至無」者，即二無我所現圓成實性也。「供其求」者，即示現利生也。「時騁」者，即不住涅槃也。「要其宿」者，即不墮生死也。大小，長短，脩遠。」《天下》篇自序云：「上與造物者游，莊生已明物皆自取，則不得更有造物者。造物，即謂衆生心也。而下與外死生、無終始者爲友。其於本也，弘大而辟，深閎而肆；其於宗也，可謂稠適而上遂矣。雖然，其應於化而解於物也，其理不竭，其來不蛻，芒乎昧乎，未之盡者。」外死生，無終始，即知一切法本來涅槃；應化不盡，即畢竟不入涅槃也。釋第七章竟。

齊物論釋後序

莊周之書，自《漢志》而下，代有箸録。注解義疏，無慮百數十家，寄意浮休，陳辭澶衍，懸解萬端，如陳芻狗。吾宗自昔有支道林，嘗説《消揺》，遺文隱没。近世憨山大師，亦嘗遠紹魏晉，以西來之風，演《南華》之旨。就彼正覺，達其淨觀，思過半矣。顧三藏妙諦，條理可知，内篇宏義，恍忽難覩，加其正言若反，不主故常，見仁見智，固無方體。嗜玄者以繳繞適意，尚文者以華妙會心，徒有名言，都無實義，斯猶醯雞在覆，無由知天地之大全也。太炎居士以明夷演《易》之會，撰《齊物論釋》，成書七章，章比句櫛，鰓理秩然。以爲《齊物》者，一往平等之談，然非博愛大同所能比傅。名相雙遣，則分别自除；淨染都忘，故一真不立。任其不齊，齊之至也。若夫釋老互明，其術舊矣。振條目於擾攘之中，故矯亂者無所託；存神理於視聽之内，故祕怪者無所容。亦兼采摭名法，溯洄孔李，校其異同，定其廣陿，可謂上涉聖涯，下宜民物，探賾而不可惡，索隱而不可亂者也。近人或言，自《世説》出，人心爲一變；自《華嚴》出，人心又爲一變。

今太炎之書見世，將爲二千年來儒墨九流破封執之扃，引未來之的，新震旦衆生知見，必有一變以至道者。付之雕鏤，庶有益於方來。辛亥十月，烏目山僧宗仰序。

齊物論釋定本

齊物論釋定本

齊物者，「齊物」屬讀，舊訓皆同。王安石、吕惠卿始以「物論」屬讀，不悟是篇先説喪我，終明物化，泯絶彼此，排遣是非，非專爲統一異論而作也，應從舊讀。因物付物，所以爲齊，故與許行齊物不同。一往平等之談，詳其實義，非獨等視有情，無所優劣，蓋離言説相，離名字相，離心緣相，畢竟平等，乃合《齊物》之義。次即《般若》所云字平等性、語平等性也。其文既破名家之執，而即泯絶人法，兼空見相，如是乃得蕩然無閡。若其情存彼此，智有是非，雖復汎愛兼利，人我畢足，封畛已分，乃奚齊之有哉。然則兼愛爲大迂之談，偃兵則造兵之本，豈虚言邪？夫託上神以爲禰，順帝則以游心，愛且蹔兼，兵亦苟偃。然其繩墨所出，斠然有量，工宰之用，依乎巫師。苟人各有心，拂其條教，雖踐屍蹀血，猶曰秉之天討也。夫然，兼愛酷於仁義，仁義憯於法律，較然明矣。齊其不齊，下士之鄙執；不齊而齊，上哲之玄談。自非滌除名相，其孰能與於此。老聃曰：「僨驕而不可係者，其唯人心乎。」人心所起，無過相、名、分別三事。名映一切，執取轉深。是故以名遣名，斯爲至妙。《瑜伽師地論》三十六曰：「云何名爲四種尋思？一者名尋思，謂於名唯見名；二者事尋思，謂於事唯見事；三者自性假立尋思，謂於自性假立唯見自性假立；四者差別假立尋思，謂於差別假立唯見差別假立。此諸菩薩，於彼名事，或離相觀，或合相觀，依止名事合相觀故，通達二種自性假立、差別假立。云何名爲四如實智？一者名尋思所引如實智，謂於名尋思唯有名已，即於此名，如實了知，謂如是名，爲如是義，於事假立，爲令世間起想、起見、起言説故。若於一切色等想事，不假建立色等名者，無有能於色等想事起色等想；若無有想，則無有能起增益執；若無有執，則無言説。若能如是如實了知，是名名尋思所引如實智。二者事尋思所引如實智，謂於事尋思唯有事已。觀見一切色等想事性離言説，不可言説〔二〕，若能如是如實了知，是名事尋思所引如實智。三者自性假立尋思所引如實智，謂於自性假立尋思唯有自性假立已，如實通達了知色等想事中，所有自性假立非彼事自性，而似彼事自性顯現，又能了知彼事自性，猶如變化、影像、響應、光影、水月、燄火〔三〕、夢幻，相似顯現而非彼體。若能如是如實了知最甚深義所行境界，是名自性假立尋思所引如實智。四者差別假立尋思所引如實智，謂於差別假立尋思唯有差別假立已，

〔二〕「言説」，原缺，據《瑜伽師地論》卷三十六《本地分中菩薩地第十五初持瑜伽處真實義品第四》補。

〔三〕「燄火」，《瑜伽師地論》卷三十六《本地分中菩薩地第十五初持瑜伽處真實義品第四》作「燄水」。

如實通達了知色等想事中，差別假立不二之義。謂彼諸事非有性，非無性，可言説性不成實，故非有性；離言説性實成立，故非無性。如是由勝義諦故非有色，於中無有諸色法故；由世俗諦故非無色，於中説有諸色法故。如有性無性、有色無色，如是有見、無見等差別假立門，由如是道理一切皆應了知。若能如是如實了知差別假立不二之義，是名差別假立尋思所引如實智。」此論「言非吹也，言者有言」，即於名唯見名也。「以指喻指之非指，不若以非指喻指之非指也；以馬喻馬之非馬，不若以非馬喻馬之非馬也」，即無執則無言説也。「既已爲一矣，且得有言乎」，即於事唯見事，亦即性離言説也。「隨其成心而師之，誰獨且無師乎」，即於自性假立唯見自性假立也。「未成乎心而有是非，是以無有爲有」，即彼事自性相似顯現，而非彼體也。「有有也者，有無也者，有未始有無也者，有未始有夫未始有無也者」，即於差別假立唯見差別假立也。「俄而有無矣，而未知有無之果孰有孰無也」，即可言説性非有，離言説性非無也。此徒舉其一例，華文深指，契此者多，別於當句解説。

夫以論攝論，即論非齊。所以者何？能總攝故。方謂之齊，已與齊反。所以者何？遺不齊故。是故《寓言》篇云：「不言則齊，齊與言不齊，言與齊不齊也。」《大般若經》四百七十八云：「若於是處，都無有性，亦無無性，亦不可説爲平等性，如是乃名法平等性。當知法平等性既不可說，亦不可知。除平等性，無法可得。離一切法，無平等性。」又云：「非一切法平等性中有戲論，若離戲論，乃可名爲法平等性。」此義正會《寓言》之旨。徒以迹存導化，非言不顯，而言說有還滅性，故因言以寄實，即彼所云「言無言，終身言，未嘗言；宋槧成玄英疏本及纂圖互注本、明世德堂本皆作「未嘗不言」，王夫之解本作「未嘗言」。尋徵文義，舊本皆誤，今從王本。終身不言，未嘗不言」。《大乘入楞伽經》云：「我經中說，我與諸佛菩薩不說一字，不答一字。所以者何？一切諸法離文字故，非不隨義而分別說。」是與《寓言》所說，亦如符契。

夫能上悟唯識，廣利有情，域中故籍，莫善於《齊物論》。《天下》篇云：「內聖外王之道，鬱而不發。」爾則莊生箸書，非徒南面之術。蓋名家出於禮官，而惠施去尊；道家本以宰世，而莊周殘法，非與舊術相戾，故是捨局就通耳。老聃但說「民多利器，國家滋昏」，而猶未說聖人經國，復是天下利器，故國多利器，民亦滋昏也。老聃但說「人之所教，我亦教之，强梁者不得其死，吾將以爲教父」，唯是政教分離之說，而猶未說「九洛之法，監照下土，此謂上皇」。其說出乎巫咸，乃因天運地處、日月雲雨之故，不可猝知，而起大禹、箕子之疇，則以之塗民耳目而取神器也。夫然，有君爲不得已，故其極至于無王；有聖或以利盜，故廓然未嘗立聖。論中言聖人者，但是隨俗之名。終舉世法差違，俗有都野，野者自安其陋，都者得意于嫺，兩不相傷，乃爲平等。小智自私，橫欲以己之嫺，奪人之陋，殺人劫賄，行若封豨，而反崇飾徽音，辭有枝葉，斯所以設堯伐三子之問。下觀晚世，如應斯言。使夫饕餮得以逞志者，非聖智尚文之辯，孰爲之哉？淵哉若人，用心如砥，榦蠱德於上皇之年，杜莠言於千載之下，故曰道家者流，出於史官，其規摹閎遠矣。能仁之書，譯於東夏；園吏之籍，不至殊方。近世雖見譯述，然皆鄙生爲之。雲行雨施，則大秦之豪喪其夸，拂菻之士忘其奡，衣養萬物，何遠之有。舊師章句，分爲七首，「堯問」一章，宜在最後，所以越在第三者，精入單微，還以致用，大人利見之致，其在於斯，宜依舊次，無取顛倒云爾。釋篇題竟。

南郭子綦隱几從李本。而坐，仰天而噓，荅焉似喪其耦。顏成子游立侍乎前，曰：「何居乎？形固可使如槁木，而心固可使如死灰乎？今之隱几者，非昔之隱几者也。」子綦曰：「偃，不亦善乎，而問之也。今者吾喪我，女知之乎？女聞人籟而未聞地籟，女聞地籟而未聞天籟夫。」子游曰：「敢問其方。」子綦曰：「夫大塊噫氣，其名爲風。是唯無作，作則萬竅怒呺。而獨不聞之翏翏乎？山林之畏隹〔一〕，大木百圍之竅穴，似鼻，似口，似耳，似枅，似圈，似臼，似洼者，似汙者；激者，謞者，叱者，吸者，叫者，譹者，宎者，咬者，前者唱于，而隨者唱喁。泠風則小和，飄風則大和，厲風濟則衆竅爲虛，而獨不見之調調，之刁刁乎？」子游曰：「地籟則衆竅是已，人籟則比竹是已。敢問天籟？」子綦曰：「夫吹萬不同，而使其自己也，司馬彪注：「已，止也。」郭注：「自己而然，則謂之天然，非役物使從己也。」是司馬作已，郭作己，今從郭。咸其自取，怒者其誰邪？」大知閑閑，小知閒閒；大言淡淡，從李本。小言詹詹。其寐也魂交，其覺也形開，與接爲構，日以心鬭。縵者，窖者，密者。小恐惴惴，大恐縵縵。其發若機栝，其司是非之謂也；其留如詛盟，其守勝之謂也；其殺如秋冬，以言其日消也；其溺之所爲之，不可使復之也；其厭也如緘，以言其老洫也；近死之心，莫使復陽也。喜怒哀樂，慮嘆變慹，姚佚啓態，樂出虛，蒸成菌。日夜相代乎前，而莫知其所萌。已乎，已乎，旦莫得此，其所由以生乎。

《齊物》本以觀察名相，會之一心。名相所依，則人我、法我爲其大地，是故先說喪我，爾後名相可空。子綦坐忘，自言喪我，若依定境，則《毗婆沙論》八十四云：瑜伽師

〔一〕「畏隹」，原作「畏佳」，據初本及《莊子·齊物論》改。

初解脱地名空無邊處，從此定出，必起相似空想現前，手覓自身。最極爲滅盡定，意根中斷，我執不行，若依真證，則雙斷人我、法我也。云何我可自喪，故説地籟、天籟明之。地籟則能吹、所吹有別，天籟則能吹、所吹不殊，斯其喻旨。地籟中風喻不覺念動，萬竅怒呺，各不相似，喻相、名、分別各異，乃至游塵野馬，各有殊形，騰躍而起。天籟中吹萬者喻藏識，萬喻藏識中一切種子，晚世或名原型觀念。非獨籠罩名言，亦是相之本質，故曰「吹萬不同」。「使其自己」者，謂依止藏識，乃有意根，自執藏識而我之也。詳佛典説第八識爲心體，名阿羅邪識，譯義爲藏；亦名阿陀那識，譯義爲持。《莊子》書《德充符》言靈府，即阿羅邪，《説文》：「府，文書藏也。」府、藏同義。《庚桑楚》言靈臺，即阿陀那。臺本訓持，見《淮南》注及《釋名》。此靈臺者，許叔重、郭子玄皆説爲心，《釋文》：「靈臺，謂心有靈智，能任持也。」《庚桑楚》云：「靈臺者有持，而不知其所持，而不可持者也。不見其誠己而發，每發而不當，業入而不舍，每更爲失。」夫「靈臺有持」者，阿陀那識持一切種子也。「不知其所持」者，此識所緣内執受境，微細不可知也。「不可持」者，有情執此爲自内我，即是妄執，若執唯識真實有者，亦是法執也。「不見其誠己而發」者，意根以阿陀那識爲真我，而阿陀那識不自見爲真我，然一切知見由之以發也。「每發而不當」者，三細與心不相應也。「業入而不舍」者，六粗第五爲起業相，白黑羯磨，熏入本識，種不焦敝，由前異熟，生後異熟，非至阿羅漢位，不能捨藏識雜染也。「每更爲失」者，恒轉如暴流也。今此《齊物論》中，言使其自己，以意根執藏識爲我，義與《庚桑楚》篇參伍相成矣。

「自取」者，《攝大乘論》無性釋曰：「於一識中，有相有見，二分俱轉。相見二分，不即不離。」「所取分名相，能取分名見。」「於一識中，一分變異，似所取相，一分變異，似能取相〔二〕。」是則自心還取自心，非有餘法。知其爾者，以現量取相時，不執相在根識以外，後以意識分別，乃謂在外。於諸量中現量最勝，現量既不執相在外，故知所感定非外界，即是自心現影。既無外界，則萬竅怒號别無本體，故曰「怒者其誰」。尋《知北游》篇云：「物物者，與物無際，而物有際者，所謂物際者也。不際之際，際之不際者也。」謂盈虚衰殺，彼爲盈虚非盈虚，彼爲衰殺非衰殺，彼爲本末非本末，彼爲積散非積散也。「物即相分，物物者謂形成此相分者，即是見分。相見二分，不即不離，是名「物物者與物無際」，而彼相分自現方圓邊角，是名「物有際」。見分上之相分，本無方隅，而現有是方隅，是名「不際之際」。即此相分方隅之界，如實是無，是名「際之不際」。此皆義同《攝論》，與自取之説相明矣。《解深密經》云：「若彼所行影像，即與此心無

〔二〕「似能取相」，據《攝大乘論釋》卷四《所知相分第三之一》，當作「似能取見」。

有異者，云何此心還見此心？善男子，此中無有少法能見少法，然即此心如是生時，即有如是影像顯現。」《德充符》篇云：「以其知得其心，以其心得其常心。」《徐無鬼》篇云：「以目視目，以耳聽耳，以心復心。」此雖真人獨喻之情，亦實庸衆共循之則。故彼經云：「若諸有情，自性而住，緣色等心，所行影像，彼與此心，亦無有異。而諸愚夫由顛倒覺，於諸影像不能如實知唯是識。」是皆自取無誰之義。夫以己自己，取者即己，我若是一，不應自取，我若是二，云何有我？則喪我不足怪矣。此上總義，略破人法大相，次復別明心量。

「大知閑閑」，簡文云「廣博之貌」，謂藏識同時兼知也。「小知閒閒」，簡文云「有所閒別」，謂五識不能相代，意識同時不能有二想也。「大言淡淡」，《老子》云「道之出口，淡乎其無味」也。「小言詹詹」，李云「小辯之貌」是也。「其寐也魂交」，謂夢中獨頭意識也。「其覺也形開」，謂明了意識及散位獨頭意識也。《大毗婆沙論》三十七曰：「夢所見事，皆是曾更。問：若爾，云何夢見有角人邪？豈曾有時見人有角？答：彼於覺時，異處見人，異處見角，夢中惛亂，見在一處，故無有失。」然則形開即是異處別見，魂交即是見在一處也。「與接爲構，日以心鬬」者，接猶觸、受，謂能取、所取，交加而起，二者交加，則順違無窮，是名「日以心鬬」。《庚桑楚》篇云：「知者，接也；知者，謨也。」彼接亦謂觸、受，並即近人所謂感覺；彼謨從規摹義，即是想；想謂取像。彼謨從謀慮義，即是思。《墨經》説接爲親，是即現量；説謨爲説，是即比量。「縵者」，簡文云「寬心」，應是散意，亦謂率爾墮心，不串習境，無欲等生，乍有所感，名率爾墮心也。「窖者」，簡文云「深心」，此即是尋求心。「密者」，精心，恒審思量，所謂慧也，即於思中有簡擇用，故與廣思不同。「小恐惴惴」，李云「小心貌」。「大恐縵縵」，李云「齊死生貌」。以小恐神志尚定，故有戰慄震怖諸相，大恐神志已奪，乃如惛醉也。「其發若機栝，其司是非之謂」者，謂作意。「其留如詛盟，其守勝之謂」者，勝亦讀如司，如司徒作勝屠。謂等流心，亦得謂定，皆有所司察也。除無想、滅盡等定。「其殺如秋冬，以言其日消」者，謂等流心專緣一境，念念相續，久則心與境忘，乃似無所有也。「其溺之所爲之，不可使復之」者，謂等流心專趣一相，忽忘自身，若溺者陷没不還也。「其厭也如緘，以言其老洫」者，厭讀爲壓，按也；洫讀爲侐，靜也。此謂定心靜慮，如老者形志衰而嗜欲息，無想、滅盡二定亦在是矣。「近死之心，莫使復陽」者，謂生死位心、悶絶位心也。「喜怒哀樂，慮嘆變慹，姚佚啓態」者，謂輕安心及煩惱心也。如上種種，略舉心及心所有法，然其能取，還即自取己心，非有外界。音樂出乎空虛，喻名言無自性也。菌㞢成乎蒸溼，喻四大無自性也。

雖爾，日夜相代，莫知所始，能起有邊無邊之論。時若實有，即非唯識，天籟之義不成，故復應以「旦莫得此，其所由生」。「此」者，即謂能自取識。大抵藏識流轉不駐，意識有時不起，起位亦流轉不駐，是故觸相生心，有觸、作意、受、想、思五位。受、想、思中，復分率爾墮心、尋求心、決定心、染淨心、等流心五位。如是相續，即自位心證自位心，覺有現在；以自位心望前位心，覺有過去；以自位心望後位心，比知未來。是故心起即有時分，心寂即無時分，若睡眠無夢位，雖更五夜，不異剎那。近人多謂因觀物化，故生時分之想，此非極成義也。如人專視一金，念念想此一金，念亦無變，金亦不化，而非於此位無時分前後覺。然則時非實有，宛爾可知。《知北游》篇說：「無古無今，無始無終。」《則陽》篇說：「與物無終無始，無幾無時。」又說：「除日無歲。」《大乘入楞伽經》說：「如來藏名藏識，有生滅四種習氣之所迷覆，而諸凡愚分別熏心，不能了知，起剎那見。」皆此成證。但以眾同分心，悉有此相，世遂執箸爲實。是故《秋水》篇說「時無止」，《庚桑楚》篇說「有長而無本剽者，宙也」，皆順眾同分心爲言。終之甲乙二人，各有時分，如眾吹竽，同度一調，和合似一，其實各各自有竽聲。所以者何？時由心變，甲乙二心，界有別故。由此可知，時爲人人之私器，非眾人之公器。且又時分總相，有情似同；時分別相，彼我各異。童齔以往，覺時去遲；中年以來，覺時去速。淫樂戲忘者，少選而歲逝；春輓勤苦者，待限而不盈。復有種種別相，各各不同，說見知代下。亦猶人各吹竽，不度一調，或爲清角，或爲下徵，此應《折楊》，彼合《下里》，則無和合似一之相。雖復晷日望星，挈壺下漏，强爲契約，責其同然，然覺時去遲者，其覺日星壺漏之變亦遲；覺時去速者，其覺日星壺漏之變亦速。亦猶以尺比物，定其長短，然眼識汗漫者，視物長而尺亦長；眼識精諦者，視物短故尺亦短，竟無畢同之法。由斯以推，朝菌不知晦朔，惠蛄不知春秋，而冥靈大椿，壽逾千百，庸知小年者不自覺其長，大年者不自覺其短乎？然惟證無刹那者，始能曉了刹那。《德充符》篇說才全之人，云「使日夜無郤，而與物爲春，是接而生時於心者也」。此明衆生所歷日夜，達者處之，無有閒郤分際，是謂三世斷絶，不現刹那；而以衆生緣力交接而起，即自心上有似時分相現，故得與物爲春。《大毗婆沙論》一百三十六說：「壯士彈指頃，經六十四刹那。」又說：「世尊不說實刹那量，無有有情，堪能知故。」誠以時分最速，無過一瞚及一彈指，心生或速於此，然未有與刹那齊量者。一念心生，速疾回轉，齊一刹那，自非應真上士，孰與於斯？若即一彈指頃，豪分不忘，此小年之所有，而大年之所無。不忘，故小年亦壽；忘之，故大年亦殤。《消摇游》篇郭注但云：「苟知其極，則豪分不可相跂，羨欲之纍可以自絶。」此未了時由心造，其舒促亦由心變也。心不起滅，意識不續，中閒恒審思量，亦悉伏斷，則時分銷亡，而流注相續之我自喪矣。

非彼無我，非我無所取。是亦近矣，而不知其所爲使。若有真宰，而特不得其眹。可行己信，而不見其形，有情而無形。百骸、九竅、六藏，賅而存焉，吾誰與爲親？女皆説之乎？其有私焉？如是皆有爲臣妾乎？其臣妾不足以相治乎？其遞相爲君臣乎？其有真君存焉？如求得其情與不得，無益損乎其真。一受其成形，不亡以待盡。與物相刃相靡，其行盡如馳，而莫之能止，不亦悲乎？終身役役而不見其成功，薾然疲役而不知其所歸，可不哀邪？人謂之不死，奚益？其形化，其心與之然，可不謂大哀乎？人之生也，固若是芒乎？其我獨芒，而人亦有不芒者乎？

此因喪我之説，而論真我、幻我也。莊生、子綦之道，以無我爲户牖，此説喪我，《消搖游》云：「至人無己。」《在宥》云：「頌論形軀，合乎大同，大同而無己。無己，惡乎得有有？」《天地》云：「忘乎物，忘乎天，其名爲忘己。」皆説無我也。我苟素有，雖欲無之，固不可得。我若定無，證無我已，將如槀木枯腊邪？爲是徵求我相，名色六處，我不可得，無我所顯。真如可指言我，乃與人我、法我異矣。其辯曰：絶待無對，則不得自知有我，故曰「非彼無我」。若本無我，雖有彼相，誰爲能取？既無能取，即無所取，故曰「非我無所取」。由斯以談，彼我二覺，互爲因果，曾無先後，足知彼我皆空，知空則近於智矣。假令純空彼我，妄覺復依何處何者而生，故曰「不知其所爲使」。由是推尋，必有心體爲衆生所依止，故曰「若有真宰」。心體既爲衆生依止，何緣形相眹兆不可窺尋，如梵上諸師〔一〕，或執我如稗子，或如米粒，或如拇指，皆由妄情計度，實無見此形埒者，故曰「不得其眹」。詳此所説真宰，即佛法中阿羅邪識，惟有意根恒審思量，執阿羅邪識以爲自我，而意識分別所不能見也。以恒審思量故，必不自覺爲幻，自疑爲斷，進止屈伸，隺乎自仕，故曰「可行已信」。郭云：行者信己可得行也。雖自信任，而此我相爲朱、爲白、爲方、爲圜，終非意根所見，故曰「不見其形」。有情而無形，横欲求形，惟是百骸、九竅、六藏之屬，且未知此數者誰爲真我。若云皆説之者，諸體散殊，我應非一，而現自覺是一。若云有所私者，餘體痛楚，應若不知，而現不可捨置。若云皆爲臣妾者，誰復爲君，藉舉腦髓神經以爲共主，彼與臣妾，等是筋肉膏肪，何因獨能調御？若云身無神經，其餘諸體不足相治者，現見單細胞物，具有識知，縱無神經，足得相治。況復草蘇百卉，悉有情命，幹莖枝葉，亦若人有百體，曾無見草木有腦髓神經者，而百體足可相治，呼吸即同，或有能啖蠅子，斯孰令爲之哉？如是人鳥獸等，雖有腦髓神經，但可説爲傳達知識之具，猶鐵縷所以傳電，而電非鐵縷，馳道所以步馬，而馬非馳道，是則觸、受、想、思之體，非即腦髓

〔一〕「梵上」，據文意當作「梵土」。

神經明矣。以此爲箴，諸義自壞。若云腦髓神經與百體遞爲君臣者，今欲令心受水穀，胃布血脈，耳視目聽，頭行髮持，終不可得，況能遞用。以是五義，展轉推度，則謂有真我在。蓋靈臺者，任持根覺，梵名阿陀那；亦以含藏種子，名曰靈府，梵名阿羅邪。其體不生滅而隨緣生滅者，佛典稱如來藏，正言不生滅體，亦云菴摩羅識。《德充符》説：「以其知得其心，以其心得其常心。」心即阿陀那識，常心即菴摩羅識。彼言常心，此乃謂之真君。心與常心，業相有别，自體無異，此中真宰真君，亦彼别説。冢宰更代無常，喻阿陀那恒轉者；大君不可廢置，喻菴摩羅不變者。知非意識者，以熟眠位意識已斷，而異於死，故以比量，知非意識。意根恒緣阿陀那以爲自我，雖難分别，但以行住坐卧，作止語默，雖不念我，而一向未曾疑爲非我，故據現量，知非意識。由是寂靜觀察，靈臺即現，執此恒轉如暴流者，以爲自我，猶是幻妄。唯證得菴摩羅識，斯爲真君，斯無我而顯我耳。是故幻我本無而可喪，真我常遍而自存，而此菴摩羅識本來自爾，非可修相，非可作相，畢竟無得，故曰「求得其情與不得，無益損乎其真」。不求則一受成形，不亡待盡，念念相續，如連錢波，前心已去，每更爲失，即此膚肉骨髓，隨時代謝，十年故體，悉爲灰塵。由此可知，即一生時，已更九死，故曰「人謂之不死，奚益」也。此言「真君」，斥如來藏中真如相。次言「其形化，其心與之然」者，斥如來藏中隨緣用。既隨緣生滅，即此如來藏，轉名阿羅邪。子綦本言喪我，莊生他篇皆言無己，獨此說有真君。猶佛典悉言無我，《涅槃經》獨言有我。蓋雙泯二我，則自性清淨始現，斯所以異於斷無也。言我芒人亦芒者，無量有情，等是一識，若有一人不芒者，則不得現此情界、器界也。郭子玄《大宗師》義云：「人之生也，形雖七尺，乃舉天地以奉之。故天地萬物凡所有者，不可一日而相無也。一物不具，則生者無由得生。」義亦精審，能會斯旨。唐時法藏依此以立無盡緣起之說，詳在「萬物與我爲一」下。佛法或言無我，或言有我。言無我者，斥意根妄執阿陀那爲我；言有我者，見於《涅槃經》，即指佛性，則清淨如來藏也。藏識既起，如來藏亦在生滅中，故名有通別矣。

夫隨其成心而師之，誰獨且無師乎？奚必知代，而心自取者有之，愚者與有焉。未成乎心而有是非，是今日適越而昔至也，是以無有爲有。無有爲有，雖有神禹，且不能知，吾獨且奈何哉！夫言非吹也，言者有言，其所言者特未定也。果有言邪？其未嘗有言邪？其以爲異於鷇音，亦有辯乎，其無辯乎？道惡乎隱而有真僞？言惡乎隱而有是非？道惡乎往而不存？言惡乎存而不可？道隱於小成，言隱於榮華。故有儒墨之是非，以是其所非而非其所是。欲是其所非而非其所是，則莫若以明。物無非彼，物無非是。自彼則不見，自知則知之。故曰彼出於是，是亦因彼，彼是方生之說也。雖然，方生方死，方死方生；方可方不可，方不可方可；因是因非，因非因是。是以聖人不由而照之于天，亦因是也。是亦彼也，彼亦是也。彼亦一是非，此亦一是非。果且有彼是乎哉？果且無彼是乎哉？彼是莫得其偶，謂之道樞。樞始得其環中，以應無窮。是亦一無窮，非亦一無窮也，故曰莫若以明。以指喻指之非指，不若以非指喻指之非指也。以馬喻馬之非馬，不若以非馬喻馬之非馬也。天地一指也，萬物一馬也。

此論藏識中種子，即原型觀念也。色法、無爲法外，大小乘皆立二十四種不相應行，近世康德立十二範疇，此皆繁碎。今舉三法大較，應説第八藏識，本有世識、處識、相識、數識、作用識、因果識、世識、處識、數識，皆見《攝大乘論》。世謂現在、過去、未來。處謂點、線、面、體、中、邊方位。相謂色、聲、香、味、觸。數謂一、二、三等。作用謂有爲。因果謂彼由於此，由此有彼。其空間識，即是處識，而所感覺之真空，乃屬相識，以真空亦有空一顯色故。《大毗婆沙論》七十五云：「或有色無顯無形，謂空界色。」又云：「云何空界？謂鄰礙色。礙謂積聚，即牆壁等有色，近此名鄰礙色，如牆壁間空，叢林間空，樹葉間空，窗牖間空，往來處空，指間等空，是名空界。」若方隅等位，在有顯色處，説爲形色；在無顯色處，説爲空間。《大毗婆沙論》七十五云：「問：虚空、空界，有何差别？答：虚空非色，空界是色。」又云：「若無虚空，一切有物應無容處，既有容受諸有物處，知有虚空。復作是説，以有往來聚集處〔二〕，故知有虚空。復作是説，若無虚空，應一切處皆有障礙，既現見有無障礙處，故知虚空決定實有，無障礙相是虚空故。」此所説虚空者，即今所謂空間。然虚空空間之名，實不可通，其實無障礙處之形，有障礙處之形，通得是名。《天下》篇舉名家説：「無厚，不可積也，其大千里。」司馬紹統云：「其

〔二〕「集」，原缺，據《大毗婆沙論》卷七十五《結藴第二中十門納息第四之五》補。

有厚大者，其無厚亦大。」《墨經》云：「厚，有所大也。」《説》曰：「厚，惟無所大。」是故有礙無礙，但有形可量者，通謂之處，不當偏舉空閒虚空爲名，乃與真空有色者相混。《勝論》立九種實，空與方異。彼空即空界真空，彼方即虚空空閒。命之爲方，與命之爲處，名實相應。虚空空閒，是亂名爾。第七意根本有我識。人我執，法我執。其他有無、是非、自共、合散、成壞等相，悉由此七種子支分觀待而生。成心即是種子，種子者，心之礙相，一切障礙即究竟覺，故轉此成心則成智，順此成心則解紛。成心之爲物也，眼耳鼻舌身意六識未動，潛處藏識意根之中，六識既動，應時顯現，不待告教，所謂「隨其成心而師之」也。此中且舉世識一例，節序遞遷，是名爲代。夫現在必有未來，今日必有明日，此誰所證明者？然嬰兒初生，貍鼠相遇，寧知代之名言哉。兒嗁號以索乳者，固知現在索之，未來可以得之也；鼠奔軼以避貍者，亦知現在見貍，未來可以被噬也。此皆心所自取，愚者與有。故《大毗婆沙論》十四云：「若愚若智，内道外道，世閒論者，乃至童豎，皆知有世，謂彼皆了有去來今。」彼説疑三世者爲冥身，則是小乘法執之説。此非取之原型觀念，何可得邪？若夫有相分別，必待名言，諸想方起；無相分別，雖無名言，想亦得成。《瑜伽師地論》二云：「有相分別者，謂於先所受義，諸根成孰善名言者所起分別。無相分別者，謂隨先所引，及嬰兒等不善名言者所有分別。」《攝大乘論》亦稱此爲無覺遍計，世親釋曰：「謂牛羊等，雖有分別，然於文字不能解了。」印度合音爲字，故文字即名言。彼其知代，取之種子，現於無相分別，故得有此。又今世説生物者，謂蟲獸草木種種毛羽華色香味，或爲自保生命，或爲自求胤嗣，而現此相，然彼豈如人類能計度尋思邪？非説無相分别，義不得成。以是證知，師其成心，愚者與有，亦若日用不知焉。夫無相分别，意言亦無，一切有情，經過爾所分别，歷時相等；有相分别，即有意言，若伺若尋，意中流響，聲必相續。此則單音語人，所歷時短，以經爾所分别，即經爾所聲故；複音語人，所歷時長，以經爾所分别，必經爾所流注聲故。如念法字，此土念法，唯是一聲，印度念達爾摩，乃有三聲，轉相積聚，則經時長短相懸矣。是故複音語人，聲餘於念，意中章句，其成則遲；單音語人，聲與念稱，意中章句，其成則速。念成遲故覺時促，惜分陰而近死地，望在隕身以後，故宗教之用興。念成速故覺時舒，多暇日而遠盡期，味箸有身之時，故宗教之用絀。前世雖有祈禜禱祝，然皆爲目前禍福，非爲死後。人情封略，亦觀世者所宜知也。

次舉意根我識種子所支分者，爲是非見。若無是非之種，是非現識亦無。其在現識，若不忍許何者爲是、何者爲非，事之是非亦無明證。是非所印，宙合不同，悉由人心順違，以成串習，雖一人亦猶爾也。然則係乎他者，曲直與庸衆共之；存乎己者，正謬以當情爲主，近人所云主觀客觀矣。《寓言》篇云：「孔子行年六十而六十化，始時所是，卒而非之，未知今之所謂是之非五十九非也。」斯則五十九時所謂是者，固無非想。今以六十時見非五十九時見，其事雖可，必云當五十九時已非，則爲倒論。所以者何？五十九時自非之心未成故。又況道本無常，與世變易，執守一時之見，以今非古，以古非今，或以異域非宗國，以宗國非異域者，其例視此。此正顛倒之説，比於今日適越而昔至，斯善喻乎。世俗有守舊章、順進化者，其皆未喻斯旨也。《外物》篇云：「夫流遁之志，決絶之行，噫，其非至知厚德之任與？覆墜而不反，火馳而不顧，雖相與爲君臣，時也，易世而無以相賤，故曰至人不留行焉。」順進化者，以今非古，則誣言也。又曰：「夫尊古而卑今，學者之流也。且以狶韋氏之流觀今之世，夫孰能不波，唯至人乃能游於世而不僻，順人而不失己。」守舊章者，以古非今，是亦一孔之見矣。是云非云，不由天降，非自地作，此皆生於人心。心未生時，而云是非素定，斯豈非以無有爲有邪？夫人雖有忮心，不怨飄瓦，以瓦無是非心，不可就此成心論彼未成心也。然則史書往事，昔人所印是非，亦與今人殊致，而多辯論枉直，校計功罪，猶以漢律論殷民，唐格選秦吏，何其不知類哉。《老子》云：「道可道，非常道。」董仲舒云：「天不變，道亦不變。」智愚相懸，乃至於此。

言者是爲有相分別，依想取境，如其分齊，以成音均詘曲，自表所想，故謂之言。《墨子・經説》云：「言也者，諸口能之出民者也，民若畫俿也〔二〕。」此則言得成義，吹非成義，其用固殊。然則古今異語，方土殊音，其義則一，其言乃以十數。是知言本無恒，非有定性，此所以興有言無言之疑，謂與鷇音無別也。《則陽》篇云：「鷄鳴狗吠，是人之所知；雖有大知，不能以言讀其所自化，又不能以意其所將爲。」假令殊方異類，乍相逢遇，互聽所言，亦與是無異矣。隱讀如隱几之隱，字正作㥯，「所依據也」。道何所依據而有真僞，言何所依據而有是非，向無定軌，惟心所取。詳前世論道，不依一軌，夷、惠行殊，箕、比志異，猶皆謂之至德，固知道之無常也。晚世以一端繩人，斯大方所不談矣。比其衰也，帝王之法，依以爲公義，是「道隱於小成」；京雒之語，依以爲雅言，是「言隱於榮華」。《荀子・正論》曰：「天下之大隆，是非之封界，分職名象之所起，王制是也。故凡言議期命，以聖王爲師。」此皆隨俗雅化，豈所語於致遠者乎。儒家法周，墨家法夏，二代嘗已小成榮華，而其是非相反，由是競生部執，如復重仇。還以其情，明其自繆，則曰物無非彼，言更相彼也；物無非是，言各自是也。無非彼則天下無是，無非是則天下無彼。用郭義。人皆自證而莫知彼，豈不亦了他人有我。他人之我，恒依計度推知，非恒審證知故。由此他心及

〔二〕「民」，孫詒讓《墨子閒詁》卷十：「民當爲名之誤，後文云『聲出口，俱有名』。」

彼心所有法，亦以計度推知，翲忽之閒，終有介爾障隔，依是起爭，是非蠭午。夫其執有是非者，若無我覺，必不謂彼爲非；若無彼覺，亦不謂我爲是。所以者何？此皆比擬而成執見。向無比擬，即以散心任運處之，其猶閭娵、子都，不與衆人共鑑，必不自謂美好。由斯以言，彼出於是，是亦因彼，曾無先後，而因果相生，則知彼是觀待而起，其性本空。彼是尚空，云何復容是非之論。以方生喻彼是者，一方生即一方滅，一方可即一方不可，因果同時，則觀待之説也。聖人無常心，以百姓心爲心，故不由而照之於天。知彼是之無分，則兩順而無對，如户有樞，旋轉環内，開闔進退，與時宜之。是非無窮，因應亦爾，所謂「莫若以明」也。或者難言：因時敷政，固無典常，制割大理，寧無真繆？應之曰：非謂是也。仁義之名，傳自古昔，儒墨同其名言，異其封界，斯非比量之所能明，亦非聲量之所能定，更相韋戾，唯是黨伐之言，則聖人不獨從也。若乃儒徵於人，墨徵於鬼，斯乃虚實易明，非莊生所論列矣。或復難言：行義無常，語言非定，此皆本乎情感，因乎串習，故不可據理以定是非。白黑之相，菽麥之姿，不待名言而生辨異，離言自性，豈可亂邪？應之曰：無相分別，如其自身，莊生固無遮撥。及在名言，白表白相，黑表黑相，菽表菽事，麥表麥事，俗詮有定，則亦隨順故言，斯爲照之於天，不因己制。是故指鹿爲馬，以素爲玄，義所不許。所以者何？從俗則無爭論，私意變更，是非即又蠭起。比於向日，嚚訟滋多，是以有德司契，本之約定俗成也。或欲引用殊文，自移舊貫，未悟文則鳥迹，言乃鷇音，等無是非，何閒彼我。不曉習俗可循，而起是非之見，於是無非而謂非，於彼無是而謂是，木偶行尸，可與言哉？兹亦醉心於小成榮華者也。

指馬之義，乃破公孫龍説。《指物》篇云：「物莫非指，而指非指。」「指也者，天下之所無也；物也者，天下之所有也。以天下之所有，爲天下之所無，未可。」彼所謂指，上指謂所指者，即境；下指謂能指者，即識。物皆有對，故莫非境；識則無對，故識非境。無對，故謂之無；有對，故謂之有。以物爲境，即是以物爲識中之境，故公孫以爲未可。莊生則云以境喻識之非境，不若以非境喻識之非境。蓋以境爲有對者，但是俗論。方有所見，相見同生，二無内外，見亦不執相在見外，故物亦非境也。物亦非境，識亦非境，則有無之爭自絶矣。《白馬論》云：「馬者所以命形也，白者所以命色也。命色者非命形也，故曰白馬非馬。」莊生則云以馬喻白馬之非馬，不若以非馬喻白馬之非馬。所以者何？馬非所以命形。形者何邪？唯是句股曲直諸綫種種相狀，視覺所得，其界止此，初非於此形色之外别有馬覺。意想分别，方名爲馬。馬爲計生之增語，而非擬形之法言。專取現量，真馬與石形如馬者等無差别，而云馬以命形，此何所據？然則命馬爲馬，亦且越出現量以外，則白馬與馬之爭自絶矣。此皆所謂「莫若以明」也。廣論則天地本無體，萬物皆不生，由法執而計之，則乾坤不毁，由我執而計之，故品物流形，此皆意根遍計之妄也。或復通言，破指之義，誠無餘辯；破馬之義，但乘公孫言詞之隙，因而墮之。假令云馬者所以命有情，白者所以命顯色，命顯色者非命有情，故曰白馬非馬，莊生其奚以破之邪？應之曰：此亦易破，鋸解馬體，後施研擣，猶故是有情否？此有情馬，本是地水火風種種微塵集合，云何可説爲有情數。若云地水火風亦是有情者，諸有情數合爲一有情數，雖説爲馬，唯是假名，此則馬亦非馬也。又公孫以堅白爲二，堅白與石不可爲三，如是馬中亦有堅白，堅白可二，白馬不可爲二，説還自破。若云石莫不白，馬有不白者，馬有青驪，石亦自有黄黑，白非馬之自相，亦非石之自相，何故白與石不可離，而獨與馬可離？此皆破之之説也。

如上所論，皆説成心之義，應分三科：第一明種子未成，不應倒責爲有。第二明既有種子，言議是非，或無定量。第三明現量所得，計爲有實法實生者，即是意根妄執也。

可乎可，不可乎不可。道行之而成，物謂之而然。惡乎然？然於然。惡乎不然？不然於不然。物固有所然，物固有所可。無物不然，無物不可。故爲是舉莛與楹，厲與西施，恢恑憰怪，道通爲一。其分也，成也；其成也，毁也。凡物無成與毁，復通爲一。唯達者知

通爲一，爲是不用而寓諸庸，庸也者，用也；用也者，通也；通也者，得也；適得而幾矣。因是已，已而不知其然謂之道。勞神明爲一，而不知其同也，謂之朝三。何謂朝三？曰狙公賦芧，曰：「朝三而莫四。」眾狙皆怒。曰：「然則朝四而莫三。」眾狙皆說。名實未虧，而喜怒爲用，亦因是也。是以聖人和之以是非，而休乎天鈞，是之謂兩行。

此破名守之拘，亦解作用道理、證成道理之滯，並空緣生。「道行之而成」，指作用、證成二理；「物謂之而然」，指名守，次皆遮撥之言。其言「惡乎然，然於然；惡乎不然，不然於不然」者，觀想精微，獨步千載，而舉世未知其解，今始證明。詳彼意根，有人我、法我二執，是即原型觀念。以要言之，即執一切皆有自性。名必求實，故有訓釋之詞。訓釋詞者，非古今方國代語之謂。一謂說其義界，此土訓釋文字者，兼有二事，如《說文》云：「元，始也。」此爲代語。「吏，治人者也。」此爲義界。求義界者，即依我執、法執而起。二謂責其因緣，以其如此，謂其先必當如彼，由如彼故得以如此，必不許無根極。求根極者，亦依我執、法執而起。三謂尋其實質，以不許無成有，謂必有質。求實質者，亦依我執、法執而起。故無意根，必無訓釋。《攝大乘論》曰：「云何知有染汙意？謂此若無，訓釋詞亦不得有。」世親釋曰：「能思量故，說名爲意，此訓釋詞何所依止？非彼六識，與無間識作所依止。應正道理，已謝滅故。」無性釋義亦同。然不以我執、法執爲說，猶有未備。

諸說義界，似盡邊際，然皆以義解義，以字解字，展轉推求，其義其字，唯是更互相訓。如説一字，若求義界，當云二之半也，或云半之倍也。逮至説二字時，又當云一之倍；説半字時，又當云一分爲二，二與半必待一而後解。是則説一字時，猶未了解二字、半字之義，以其未解者爲解，與不解同。若初説一字義界時，問者責言何者爲二，何者爲半，又當舉一之倍以明二，舉一分爲二以明半，斯非更互相訓邪？一二同聚，其更互相訓易知。其他非同聚者，説單字時，必以數字爲其義界，逮説彼數字時，復須數字爲之義界，如是展轉至盡，還即更取前字，爲最後字義界。何以故？不能捨字解字，捨義解義，故字數有盡，不得不互相解故。既互相解，寧能明了知其義界，故曰「惡乎然，然於然；惡乎不然，不然於不然」。言捨本字，更不能解本字也。

諸責因緣，推理之語是也。然責因實不可得，如有人言，身中細胞皆動，問細胞何故動，即云萬物皆動，細胞是萬物中一分，故細胞動。問萬物何故皆動，即云皆含動力故動。問動力何故動，即云動力自然動。自爾語盡，無可復詰。且本所以問細胞何故動者，豈欲知其自然動邪？今追尋至竟，以自然動爲究極，是則動之依據，還即在動，非有因也。又如人言，知母、苦參能退熱病，問此藥何故能退熱病，即云有某成分勢能退熱，故即能退熱病。問諸退熱者如冰如雪，服之非即能退熱病，何故彼能退熱即能退熱病邪，即云彼自有能退熱病之力，非冰雪例。本所以問此藥何故能退熱病者，欲知其能退熱病之因，非徒欲知其能退熱病之力。今追尋至竟，以有能退熱病之力爲究極，是則能退熱病之依據，即在能退熱病，非有因也。如是井水現丹，朽骨發燄，尋其因緣，即知井下有湏，骨中含粦[二]。次問湏能現丹，粦能發燄，復何因緣，不得不云自爾。故曰「惡乎然，然於然；惡乎不然，不然於不然」，言本無真因可求也。按前世亞黎史陀德言論理學，謂前提未了者，轉當立量，成此前提，如是展轉相推，分析愈衆。然不悟窮智推求，還如其本。今世或以經驗成論理學，及問經驗中各事，此有故彼有，此然故彼然，復依何義，則亦唯言自爾。或云驗已往皆然者，即知將來當然，及問已往何故皆然，復不得不言自爾。此皆所謂「惡乎然，然於然」也。反之即「惡乎不然，不然於不然」。

諸尋實質，若立四大種子、阿耨、即極微義。鉢羅摩怒、即量義，亦通言極微。電子、原子是也。此有二説，一據有方分言，分析無盡，非種非原，故一家復説爲無方分。佛法假立四大種子，即是堅溼煖輕，亦云堅溼煖動，今取輕義，以動是表色，非觸故。由此假立造色種子。然離五識所感以外，而求堅溼煖輕之相，依何成立？又按色聲香味觸五感所得，平等平等。今此堅溼煖輕，唯是觸分，何緣於五塵中獨取觸塵爲彼自性？此與公孫龍説義正相似。《堅白論》云：「堅未與石爲堅而物兼，未與物爲堅而堅必堅。其不堅石物而堅，天下未有若堅，而堅藏。白固不能自白，惡能白石物乎？若白者必白，則不白物而白焉，黄黑與之然，石其無有，惡取堅白石乎？故離也。」此謂堅觸在物未形成以前，而白色在物既形成以後，欲

[二]「粦」，頻伽精舍本作「燐」。下「粦能發燄」句同。

求不可感觸之堅，不得不說爲堅藏。然則物未形成以前，何緣不可有白藏邪？此皆倒執之說也。近世亦立二說，若有方分，剖解不窮，本無至小之倪，何者爲原？誰爲最初之質？若無方分，此不可見聞臭嘗觸受，則非現量，此最遍性，則無比量。比量皆以通明局，以遍明陝，物界最遍，故無比量。《庚桑楚》篇云：「知者，接也；知者，謨也；知者之所不知，猶睨也。」《墨子・經說》云：「知也者，以其知遇舊作過，從孫詒讓說正。物而能貌之，若見。恕也者，以其知論物而其知之也箸，若明。慮也者，以其知有求也，而不必得之，若睨。」二說同義。今計無方分之實質，非接非謨，本在知識以外，實不可得。原其言此，必先念萬物皆有實質，而彼念亦非隨於現量、比量，唯是隨於原型觀念，唯是隨於法執，因是立鉢羅摩怒諸名。因是言有者不可使無，無者不可使有，且有相者不可使無相，無相者不可使有相，此由總集現量所得而說者也。有質者不可使無質，無質者不可使有質，此依有方分物質言，義或可爾。若依無方分物質言，唯是非量，以無方分者無現量，非色非聲非香非味且非是觸；無現量，故亦無由成比量，凡成比量者，必不能純無現量。若得一分現量，猶可推以例他。今此無方分之物質，雖求一分現量，亦不可得，則無成比量法。亦不可說爲墮法處色定中所見。墮法處色者，如定中所見水火山林等相，然亦尚有形色，即有方分。而世人言此者，唯由原型觀念法執，所成即此分別法執，所依唯是俱生法執，故曰「惡乎然，然於然；惡乎不然，不然於不然」，言更無現量可證，比量可推也。

凡諸訓釋，唯是三端，名言義想，盡于斯矣。隨俗諦說，物固有所然，物固有所可；依勝義說，訓釋三端不可得義，無義成義，則雖無物不然、無物不可，可也。如上所論，一說義界，二責因緣，三尋實質，皆依分析之言，成立自義。然當其成立時，亦即其毀破時，成即《因明入正理論》所謂能立，毀即《因明入正理論》所謂能破。然彼就局義說，唯在比量；此就廣義說，兼三訓釋。成毀同時，復通爲一，故達者不用而寓諸庸，以終不能知其由然故。若乃執此三端，以爲要妙，役神明於一義。不悟其所解者，還即與不解同，故以狙公賦芧爲喻。夫推論至極，還與本語不殊：刻爲當然，實無由然之理，此所謂名實未虧。世人皆謂能推能刻者爲智，不能推刻者爲愚，此所謂喜怒爲用。人之迷也，固已久矣。聖人內了無言，而外還順世。順世，故和之以是非；無言，故休乎天鈞。《寓言》篇云：「卮言日出，和以天倪。萬物皆種也，以不同形相禪，始卒若環，莫得其倫，是謂天均。天均者，天倪也。」「和以是非」者，則假天鈞爲用，所謂隨順言說；「休乎天鈞」者，則觀天鈞自相，所謂性離言說。一語一默，無非至教，此之謂兩行也。詳此一解，金聲玉振，高蹈太虛，本非隸政之談、從事之訓，而世人以爲任用機權，尋其文義，既自不爾。又復兩行之道，聖哲皆然，自非深明玄旨，何由尋其義趣。自子期、子玄之倫，猶不憭悟，況玄英以下乎。詳

《秋水》篇述公孫龍語，自謂困百家之知，窮衆口之辯，及聞莊子之言，無所開喙。省此數言，宜令公孫口呿舌舉，豈若孔穿、鄒衍之儕，以强辭相抵哉？既破比量爲無因，而純無比量唯依法執者，亦不許立，此乃所謂卮言，《釋文》引《字略》云：「卮，圓酒器也。」是取圓義，猶言圓言爾。圓遍一切者矣。又詳《齊物》大旨，多契佛經，獨此一解，字未二百，大小乘中，皆所未有。《華嚴》唯説菩薩心欲於一字中，一切法句言音差别皆悉具足。《大般若經》唯説善學一切語言，皆入一字，善學於一字中攝一切字，一切字中攝於一字，而不推明其故。若知字義唯是更互相訓，故一名字中具有一切名字，彼亦輔萬物之自然，非有琦祕，亦自非强爲也。自謂「奭然四解，淪於不測」，豈虚語乎？由「無物不然，無物不可」之義求之，依三訓釋，從第一轉，佛法有陀羅尼；從第二轉，佛法有瞪視顯法、揚眉動目等事；從第三轉，佛法有成所作智。皆非傀異，自平易近情爾。

復次，空緣生者，緣生則觀待道理、作用道理也，説此者亦是證成道理。云何空之？謂種種成就，皆依於動。動即行義。結生相續，動無初期，動之前因，還即在動，成之前有，還即是成。亦所謂「惡乎然，然於然；惡乎不然，不然於不然」也。此生彼滅，成毁同時，是則畢竟無生，亦復無滅。故爨真珠者，珠滅而堊生；鎔卝鐵者，液成而卝毁。如是人雖展轉幻化，故未化耳；若有化者，則不得無最前期也。達者知其如是，不厭轉生，雖化爲鼠肝蟲臂，未見有殊，豈希圓寂而惡流轉哉。證無生滅，示有生滅，此亦兩行也。若海羯爾有、無、成之説，執箸空言，不可附合莊氏。《大乘入楞伽經》云：「外道群聚，共興惡見，言從有無生一切法，非自執箸分別爲緣。我説諸法，非有無生，故名無生。」此學人所當知。

古之人，其知有所至矣。惡乎至？有以爲未始有物者，至矣，盡矣，不可以加矣。其次以爲有物矣，而未始有封也。其次以爲有封焉，而未始有是非也。是非之彰也，道之所以虧也。道之所以虧，愛之所以成。果且有成與虧乎哉？果且無成與虧乎哉？有成與虧，故昭氏之鼓琴也；無成與虧，故昭氏之不鼓琴也。昭文之鼓琴也，師曠之枝策也，惠子之據梧也，三子之知幾乎，皆其盛者也，故載之末年。唯其好之也，以異於彼，其好之也，欲以明之。彼非所明而明之，故以堅白之昧終，而其子又以文之綸終，終身無成。若是而可謂成乎？雖我亦成也。若是而不可謂成乎？物與我無成也。是故滑疑之燿，聖人之所圖也。爲是不用而寓諸庸，此之謂以明。

無物之見，即無我執、法執也。有物有封，有是非見，我法二執，轉益堅定，見定故愛自成，此皆遍計所執自性迷依他起自性，生此種種愚妄。雖爾，圓成實性實無增減。故曰「果且有成與虧乎哉，果且無成與虧乎哉」。故者，此也，義亦見《墨子·天志》。有成與虧，此昭氏之鼓琴也；無成與虧，此昭氏之不鼓琴也。郭云：「夫聲不可勝舉，故吹管操弦，雖有繁手，遺聲多矣。而執籥鳴弦者，欲以彰聲也，彰聲而聲遺，不彰聲而聲全。」由是以談，一器之中，八十四調法爾完具，然當其操弄諸調，不能同時並發。故知實性遍常，名想所計，乃有損益、增減二執。苟在不言之地、無爲之域，成虧雙泯，雖勝義亦無自性也。然審音持辯者，以其良道，載之末年，辯物之極，而求邊際，明律之至，而説元音，敵人所不能明，論主亦無以立。詳夫自悟悟他，立説有異。悟他者必令三支無虧，立敵共許，義始極成。若違此者，便與獨語無異，故曰「若是而可謂成乎，雖我亦成也」。語隨法執，無現比量，非獨不可悟他，己亦不能自了，故曰「若是而不可謂成乎，物與我無成也」。此解前破遍計所執，後破隨逐遍計之言。

今且有言於此，不知其與是類乎，其與是不類乎？類與不類，相與爲類，則與彼無以異矣。雖然，請嘗言之。有始也者，有未始有始也者，有未始有夫未始有始也者。有有也者，有無也者，有未始有無也者，有未始有夫未始有無也者。俄而有無矣，而未知有無之果孰有孰無也。今我則已有謂矣，而未知吾所謂之其果有謂乎，其果無謂乎？天下莫大於秋豪之末，而大山爲小；莫壽乎殤子，而彭祖爲夭。天地與我並生，而萬物與我爲一。

既已爲一矣，且得有言乎？既已謂之一矣，且得無言乎？一與言爲二，二與一爲三。自此以往，巧歷不能得，而況其凡乎？故自無適有以至於三，而況自有適有乎？無適焉，因是已。

言與義不相類，《荀子·正名》云「名無固宜」是也。《攝大乘論》世親釋曰：「若言要待能詮之名，於所詮義有覺知起，爲遮此故，復説是言。非詮不同，以能詮名與所詮義互不相稱，各異相故。」此即明言與義不類也。若竟無言，則有相分別不成。《攝大乘論》世親釋曰：「非離彼能詮，智於所詮轉。由若不了能詮之名，於所詮義覺知不起。」此即明言與義相類也。由是計之，言之與義，一方相類，一方不相類，二方和合輻湊，寄於意識，所謂「類與不類，相與爲類」。如是名言習氣轉生，遂覺言義無別，所謂「與彼無以異」也。《攝大乘論》世親釋曰：「即相應爲自性義，是所分別，非離於此。」意與莊生正會。問曰：云何能詮所詮，互不相稱？答曰：當以三事明之，一者本名，二者引伸名，三者究竟名。

云何本名？如水説爲水，火説爲火，尋其立名，本無所依。若夫由水言準，由火言毀，皆由本名孳乳，此似有所依者。然本名既無所依，所孳乳者竟何所恃，其猶畫空作絲，織爲羅縠而已，此名與義果不相稱也。且又州國殊言，一所詮上有多能詮，若誠相稱，能詮既多，所詮亦應非一，然無是事，一所詮上有多能詮，亦有彼此相違者，如初、哉、首、基，皆訓爲始，然所以爲始不同。異域名言，轉相譯述，亦有相狀大同，材質各別者，説皆見後。然唯是引伸名，若本名初語，則無彼此相違之事。其有取相各殊者，後亦別論。以此知其必不相稱。

云何引伸名？《荀子·正名》云：「名聞而實喻，名之用也。纍而成名，名之麗也。」如令長假借，一能詮上有多所詮，此亦引伸之名。他國語隨轉聲，與此土容有相異。若夫纍名相沓，取其引伸，異國亦多此類，故有顯目、密詮之殊。如《攝大乘論》世親釋曰：「言娑洛者，顯目堅實，密詮流散。」「殟波陀者，顯目生起，密詮拔足。波陀名足，殟名爲拔。」「貝戌尼者，顯目離間語，密詮常勝空。貝者表勝，戌者表空，尼者表常。」「波魯師者，顯目粗惡語，密詮住彼岸。波表彼岸，魯師表住。」尋其意趣，本以纍名成語，然其所詮，與彼二名有異，雖意相引伸，而現相有別。從二名之本義，即是密詮；從纍名之現義，即是顯目。以吾纍語計之，如言公主，顯目帝女，本義乃是平分、燭熜。如言校尉，顯目偏將，本義乃是木囚、火伸。如言列侯，顯目二十級爵，本義乃是解骨、射侯。如言鴻臚，顯目主賓贊官，本義乃是大雁、肥腹。苗本嘉穀，裔本衣裾，遠孫亦曰苗裔。酋本久酒，豪本豪豬，夷目亦曰酋豪。顯目密詮，相距卓遠，若斯之倫，不可殫舉。若本名與本義相稱，引伸名與現義即當相違；若引伸名與現義相稱，本名與本義便亦相違。然用麗俱得，互不相礙，以此知其必不相稱。世人或謂學術典言，有異恒語，此土名義，不能剴切，遠西即無斯過。此亦不然，彼土學者，新立一義，無文可詮，即取希臘、羅甸舊語，轉變成名，聊以別於世俗，猶是引伸名也。希臘舊語或有詮表學術者，義亦不全。形學本言，實爲測地，校其義界，通局有殊。乃至近世電學得名，語因虎魄；化學得名，語因黑土；或云即埃及補提異名。物理學名，語因藥品。或因轉語，或仍故名，何以言剴切乎？夫能取意念、所取事相，廣博無邊，而名言自有分齊，未足相稱，自其勢也。

云何究竟名？尋求一實，詞不能副，如言道，言太極，言實在，言實際，言本體等。道本是路，今究竟名中道字，於所詮中遍一切地，云何可說爲道？太極本是大棟，棟有中義，今究竟名中太極字，於所詮中非支党器，無内無外，云何可說爲太極？實在、實際者，本以據方分故言在，有邊界故言際，今究竟名中實在、實際字，於所詮中不住不箸，無有處所封畛，云何可說爲實在、實際？本體者，本以有形質故言體，今究竟名中本體字，於所詮中非有質礙，不可搏掣，云何可說爲本體？唯真如名最爲精審，莊生猶言「齊與言不齊，言與齊不齊也」。然言說之極，唯是爲表，以此知能詮之究竟名，與所詮之究竟義，不能相稱。用此三端，證其不類。

世人不了斯旨，非獨暗于眇義，亦乃拙于恒言。觀夫轉譯殊言，唯覺彼此同相，轉成誣繆，其過多矣。且如此土言赤，遠西英羯蘭言纍特，德意志言蘿帖，不知纍特、蘿帖，與赤類邪，其不類邪？原夫始通殊域，求其語言者，聞纍特聲及蘿帖聲，猶未了解。語者或指丹沙紅藍染帛相示，是故得知此語是赤，展轉相授，以爲不二。然此土人眼黑如純漆，彼土人眼曄爾漬藍，視色寧無差異？如人以眼從涅頗黎中窺物，赤色即有增上黑相，從藍頗黎中窺物，赤色即有增上藍相，增黑即紫，增藍即紺。如是有一眼如清泠、水玉者，眼色唯是空一顯色，然後視赤無差。而此黑眼人所得赤色，如實是紫，藍眼人所得赤色，如實是紺。雖猶別有紫紺之相，以彼赤上所增黑藍，轉益加深，是故等差增益，無有爽異。然今吾所得赤固非真赤，而彼遠西人眼所取之相名爲纍特、蘿帖者，又不當於此土人眼所取赤相正相，當於此土人眼所取淺紺之相。雖指物適同，而現相各異。指物同則類，現相異則不類，類與不類，等是依彼丹沙紅藍染帛相與爲類。是故譯赤爲纍特、蘿帖，亦譯纍特、蘿帖爲赤，遂若與彼無以異者。究其現相，何得不相異邪？縱復刺取同類人語，用相比合，梵人黑眼，亦稱赤爲遏蘿柯德，與彼纍特、蘿帖同根，然復不可相證。彼亦同依丹沙紅藍之屬，語相流衍，猶是類與不類，相與爲類也，夫焉足以相證乎？

若夫引伸之義，各循其本，顯目則譯語同，密詮則根語異。如梵語稱字曰奢婆達，其本謂聲；此土曰字，本謂孳乳。梵語稱德曰求那，本謂增倍；此土曰德，其本謂得。要以名譯奢婆達，名即書名、正名之名，名本自命，亦言鳴也，有聲義。以多譯求那，戰功曰多，與增倍義近，或譯功德，猶近之。則隱顯皆容相應。言字言德，顯目雖同，密詮自異。然諸隱顯無礙者，無過十之一二。是故諸譯語者，唯是隨順語依、語果，不可得其語相、語因。不喻此旨，轉相執箸，則互相障隔者多，而實不可轉譯。假令梵人言漢字非奢婆達，語本不謬，以本非并音成文也。若轉譯云漢字非字，此即大謬。何者？本以孳乳而成，何得言非字邪？近人或舉遠西人言漢字非字，唯是符號。此皆不可轉譯之語，譯之遂成誣罔。非知齊物之旨，即轉相欪點，還爲頌美者多矣。若究竟名中，語義多有不齊。如莊生言靈臺，《庚桑楚》篇。臺有持義，《釋文》本謂心能任持。《淮南・俶真訓》：「臺簡以游太清。」注：「臺猶持也。」《釋名・釋宮室》云：「臺，持也。築土堅高，能自勝持也。」《墨子・經說》云：「必謂臺執者也。」臺執，亦即持執之義。相當於梵語之阿陀那。又言靈府，《德充符》篇。府有藏義，《說文》：「府，文書藏也。」《曲禮》注：「府，謂寶藏貨賄之處也。」《天官・宰夫》：「府掌官契以治藏。」相當於梵語之阿羅邪，亦作阿賴邪、阿黎邪。此則意相會合者爾。若彼言阿德門，此譯爲我，乃至補特伽羅，遂無可譯，以我、己、吾、余、卬、陽諸名，無有稱彼數取趣義者。又此言物，并包有生無生，而彼但有薄呼耆婆，衹言眾生，不兼無生之義。彼土或總言達爾摩，相當於此法字，又於言物義不相稱。世人或言東西聖人，心理不異，不悟真心固同，生滅心中所起事相，分理有異，言語亦殊。彼聖不易阿㸚邪聲，此聖不易東西夏語，寧得奄如合符，泯無朕兆？精理故訓，容態自殊，隨順顯相，意趣相會，未有畢同之法也。夫語言者，唯是博棋、五木、旌旗之類，名實本不相依。執名爲實，名家之封囿；淫名異實，狂人之毚愚，殊涂同歸，兩皆不可。夫然，將何以爲中道邪？《墨子·經說》曰：「二名一實，重同也。不外於兼，體同也。俱處於室，合同也。有以同，類同也。二必異，二也。不連屬，不體也。不同所，不合也。不有同，不類也。」但有一同，雖兼數異，且説爲同，其精審者，唯是同多異寡。《墨子·大取》篇云：「重同，具同，連同，同類之同，同名之同，丘同，鮒同，同是之同，同然之同，同根之同。」或兼數者有之，抑亦可以稱説矣，故曰「請嘗言之」也。《攝大乘論》所謂「似法似義，有見意言」。夫斷割一期，故有始；長無本剽，故無始；心本不生，故未始有夫未始有始。計色故有，計空故無；離色空，故未始有無；離遍計，故未始有夫未始有無，此分部爲言也。不覺心動，忽然念起，遂生有無之見。計色爲有，離計執證其有，計空爲無，離計執證其無，故曰「俄而有無矣，而未知有無之果孰有孰無也」。然今之論者，現是有言，言既是有，所詮之有，寧得遮撥爲無？而此能詮誠合於所詮不，又無明證，故復説言「未知吾所謂之其果有謂乎，其果無謂乎」。《攝大乘論》無性釋曰：「名於事爲客，事於名亦爾，非如一類。謂名與義，相稱而生，互相繫屬。」名義既不相稱，雖有能詮之名，何與所詮之事。《大乘入楞伽經》説：「雖無諸法，亦有言説，豈不現見龜毛、兔角、石女兒等。世人於中皆起言説，彼非有非非有，而有言說耳。」又云：「非由言說，而有諸法，此世界中蠅蟻等蟲，雖無言說，成自事故。」此則名事非獨相客，且或相離也。

夫如言而計，則大小壽夭之量，歷然有分，此但妄起分別，未悟處識、世識爲幻也。就在處識、世識之中，於此平議爲大小壽夭者，彼見或復相反。夫秋豪之體，排拒餘分；而大山之形，不辭土壤。惟自見爲大，故不待餘；惟自見爲小，故不辭餘也。殤子之念，任運相續；而彭祖之志，渴愛延年。任運自覺時長，渴愛乃覺時短矣。所以爾者，小不可令至無厚，大不可令至無外，一瞚不可令無生住，終古不可令有本剽。其猶一尺之捶，取半不竭，故雖等在處識、世識之中，而別相卷舒，非槼蒦壺箭所能定也。能見獨者，安妙高於豪端；體朝徹者，攝劫波於一念，亦無侅焉。末俗橫計處識、世識爲實，謂天長地久者，先我而生；形隔器殊者，與我異分。今應問彼，即我形内，爲復有水火金鐵不？若云無者，我身則無；若云有者，此非與天地並起邪？縱令形敝壽斷，是等還與天地並盡，勢不先亡，故非獨與天地並生，乃亦與天地並滅也。若計真心，即無天地，亦無人我，是天地與我俱不生爾。故《知北游》篇說：「冉求問於仲尼曰：『未有天地可知邪？』仲尼曰：『可。古猶今也。無古無今，無始無終。』」明本未有生，即無時分，雖據現在計未有天地爲過去，而實即是現在。亦不可說爲過去，說爲現在，以三世本空故。

令隨形軀爲説，此即並生，而彼一一無生、有生諸行，非獨同類，其實本無自他之異，故復説言「萬物與我爲一」。詳《華嚴經》云：「一切即一，一即一切。」法藏説爲諸緣互應。《寓言》篇云：「萬物皆種也，以不同形相禪。」義謂萬物無不相互爲種。《大乘入楞伽經》云：「應觀一種子，與非種同印。一種一切種，是名心種種。」法藏立無盡緣起之義，與《寓言》篇意趣正同。彼作《法界緣起章》云：「本一有力爲持，多一無力爲依，容入既爾；多一有力爲持，本一無力爲依，容入亦爾。」其《華嚴經指歸》云：「此一華葉，理無孤起，必攝無量眷屬圍繞。此一華葉，其必舒己遍入一切，復能攝取彼一切法令入己内。」義皆與《寓言》篇同。欲成一切即一，一即一切之義，法藏立十錢喻及椽舍喻。見《華嚴一乘教義分齊章》。此但進位退位命分之義，然以説數自可，以之説事，即又不可。所以者何？由此一數進位至十，遞進至百千萬億兆京垓正載，乃至無量，退位亦爾。以有退位故，知一亦緣成，若無小數之十，一不得成故。以有進位故，知一攝於十，謂此一數，即是十數十分之一，非是他數十分之一故。以有退位故，知十是緣成，若無一數，十不得成故。以有進位故，知十亦如一，十之進位望十，亦猶十之望一故。如是遞進遞退，無不皆爾。以有命分故，知一是緣成，謂一亦可命爲三六七九，即此一數，是若三若六若七若九所緣成故，而三六七九，亦可命之爲一。又此一數，亦攝於三六七九，謂據三數，此一即是三數三分之一，非他數三分之一；若據七數，此一即是七數七分之一，非他數七分之一故。如是更據六九，其義亦爾。三六七九，亦復如一，謂以三六七九爲一，如是復可倍爲三六七九，即彼三六七九，望此三六七九還如一故。一於二四五八，亦皆同例。良由一無定數，是故一即一切，一切即一。此以説數，義自可爾，説事即不可者，事非清淨數量可了，有加行轉化所立名，有異分和合所立名。加行轉化所立名者，如彼十錢喻是。彼言向下數之，無十即一不成，義自誠諦。然一數爲退位十數所緣成，一錢更無退位，若析一錢爲十，便不名錢，是故一錢非十小數錢所緣成也。異分和合所立名者，如彼椽舍喻是。彼言椽即是舍，若離於椽，舍即不成故。若去一椽，即破舍非好舍故。此雖成義，而墮因中有果之過，與説泥中有瓶相似。又云本以緣成舍，名爲椽，不作舍，故無椽。此謂椽名由舍而起，若不作舍，祇名木梃，不名爲椽，義亦得通。然若例之版瓦，是亦有過。舍雖因版瓦而有，版瓦不定作舍，此即與椽有異。椽名緣舍而得，版瓦之名不緣舍得，以作几案榜牘棺槨者亦名爲版，作瓶甌壺缶者亦名爲瓦故。若椽即是舍，版瓦不得非舍，而彼版瓦名實皆不因舍。法藏若言舍壞故不名版瓦，斯可謂款言游辭矣。是故一分成立，一分不得成立，便非通例。若云椽可是舍，版瓦非舍者，便違一切即一，一即一切之義。蓋法藏未得名言善巧，故説多有過。如彼錢喻，易一錢十

錢爲 銖銅十銖銅，義猶可救。由錢爲加行轉化之名，銅非加行轉化之名故。如椽舍喻，義無可救。由舍是異分和合之名，既名舍已，乃名舍中支構木梃爲椽。若版瓦名非舍亦立，作舍無改。於椽成義，於版瓦即不成義。縱復成舍以後，版或名搏，瓦或名甍，唯是依用成義，非依體相成義。雖此椽名，亦唯依用，其體相猶是木梃。故曰法藏未得名言善巧，有類詭辯者也。如是彼立二喻，既不得成，若專以數爲量，義故不破。今依《寓言》以解《齊物》，更立新量，證成斯旨。

凡說物種，起於無生諸行。《大毗婆沙論》一百三十六云：「極微是最細色。」此依有方分言。其依無方分言者，彼論一百三十二云：「極微更無細分。」其實二義皆是假說，有方分者無至細之倪，無方分者非可知之境，然有方分猶近之。「此七極微成一微塵，七微塵成一銅塵，《俱舍論》作金塵。七銅塵成一水塵。」銅塵、水塵，今所謂分子也。微塵，今所謂小分子、微分子。極微，乃今所謂原子。依有方分說原子。如一黃金分子，更非火齊所能分析，流黃消石，勢用不行，然其度量，非不可析。又諸金類，增以溫熱，分子張大，明其中閒自有隙處，爾則此一分子，更待無量微分乃得集成。而此黃金分子，非獨無量同性微分集成，亦有無量異性微分集成。所以者何？若無異性微分，即不得與異性親和。譬如牝牡相和，牡中非無牝分，牝中非無牡分，若牝若牡，皆是一牝一牡所生，故知即此一分含有二分。若不含二，即無親和事故。又若無有異性微分，即不得與異性相距。譬如牝牡好合，牡遇外牝，情即相妬，以單牝遇外牡，即不相妬，若不含二，即無相距事故。又此黃金分子，體有質礙，色則是黃，黃之與礙，爲一爲二？若是一者，無緣黃礙相殊，是故知其爲二。世俗證言諸有色者攝日光故，然此日光爲染不染？若不染者，黃則不成；若有染者，金中亦有日分。是故金非純金，唯是集合。又此黃金分子，雖名無生，其實有生。所以者何？有重能引他物故。《起信論》言：「依不覺故，生三種相。一者無明業相，以依不覺故心動，說名爲業，覺則不動，動則有苦，果不離因故。二者能見相，以依動故能見，不動則無見。三者境界相，以依能見故境界妄現，離見則無境界。」一者名業識，二者名轉識，三者名現識，此三名細，與心不相應故。業識即當作意，轉識當觸，現識當受，並與阿羅邪識相逐相隨。而言與心不相應者，明兼無情之物。依《勝鬘經》，煩惱有二，謂住地煩惱及起煩惱。起煩惱者，剎那剎那，與心相應。無明住地，無始時來，心不相應。此與《起信論》足相證明。《天下》篇引關尹曰：「在己無居，形物自箸。」無居即業識，形物自箸即依轉識所起現識。金有重性能引，此即業識；能觸他物，此即轉識；或和或距，此即現識。是故金亦有識，諸無生者皆爾。但以智識分別不現，隨俗說爲無生。往昔唯識宗義，不許四大名爲生物。佛法諸宗皆爾。分析言之，四大可說無命根，不可說無生。佛典說壽、煖、識三合爲命根，壽即呼吸，四大無呼吸，是故無有命根。四大有業識，是故有生。然諸單細胞物，呼吸不行，而不可説無命根。則知以壽、煖、識和合稱命者，但據多數言耳；下劣微蟲，已不可概論矣。今應問彼，若但有識，何故觸有窒礙，身不能過？答言：身識不滅，不能證無窒礙，故不能過，非外有窒礙故。如是雖能成立唯識，離諸過咎，然復問彼，金石相遇，亦不能過，此金爲復有身識不？若言無者，何故金石不能相徹？金不過石，石不過金，而言金石本無身識。如是，人觸窒礙，不能徹過，亦可説言人無身識，唯識義壞。是故非説金石皆有身識，不能成唯識義。

或復詰言，此金爲復有意根不？應答言有。成此小體，即是我見；有力能距，依於我慢。若無意根，此云何成？若復難言，此金分子分析無盡，何者名爲自體？應答彼言，以此金塵攝金微塵，以金微塵攝金極微，假説有方分者。方其在大，大者爲體，小者爲屬；方其在小，小者爲體，遞小爲屬。如人身中有諸細胞，各有情命，人爲自體，細胞爲屬。如人死已，細胞或復化爲微蟲，此即細胞自爲其體。以要言之，一有情者，必攝無量小有情者。是故金分雖無窮盡，亦得隨其現有，説爲自體。問曰：若爾，云何説地水火風唯心變現？以彼既由自心變現，即不得由他心變現故。答曰：此中正因由彼自心變現，色相亦由各各他心變現，爲其助緣，寧獨金石，乃至人畜根身亦爾。若他心無變現力，即不能互相見觸故，死後不得尚現尸骸故。是故地水火風，各由他心變現，而亦由彼自心變現，兩俱無礙。若爾，何故舊分情界、器界？應答彼言，但依智慧高下，假爲分別，如珊瑚明珠等物，是情是器，本難質定，而可隨世説爲器界。是故雖説金爲器界，不礙有生。此但依唯識俗諦爲言，若依真諦，即唯是識。黄礙諸相，唯是各各現量所得，互相爲增上緣，而實非有黄礙。黄金既是生物，即有進化。非以無方分之原子，現爲有方分相，説爲進化；亦不可云分至邊際，即現空相，由是集起，乃爲進化。所以者何？小不可令至無厚，分至邊際，必不能現空相故。是故《秋水》篇云：「河伯曰：『世之議者皆云：至精無形，至大不可圍，是信情乎？』北海若曰：『夫自細視大者不盡，自大視細者不明。夫精，小之微也；垺，大之殷也，故異便。此勢之有也。夫精粗者，期於有形者也；無形者，數之所不能分也；不可圍者，數之所不能窮也。』」此説至精者不能至無形，無形則更不爲至精，明無分至邊際便現空相之理。《知北游》篇云：「不形之形，形之不形，是人之所同知也，非將至之所務也。明見無值。」此説不形而爲有形者，庸衆所知，實無是義。所以者何？此既無對，明見者亦不見，故明無無方分之原子現有方分之理，是故二者皆不可説進化。而此黄金現是有生，一分子中有無量同性異性集成，是故説爲進化也。如是轉上，以至集體顯現者，其閒更互爲種，明了易知。轉至動物，如一人體，含有無始以來種種動物形性，至單細胞而止；依此人力，又能生起各種細胞，而彼細胞唯是細胞果色。又食牛羊鷄鶩肉者，此異性肉，亦化爲人肌肉，菜果穀麥亦爾。虎豹鼉黿，食人嚼人，其化亦爾。非直血肉筋腱各種果色爲然，且如精子，亦由各種飲食展轉同化，如是精子亦緣無量異性生命集成，其更相爲種益明。下逮金石，既亦含於人體，或啖雲母，或餐鍾乳，悉可攝受爲人身分。乃至礜石水銀，食之隕命。既有相害之能，即有相和之道。譬如緩觸即撫，急觸即檛，遠火即煖，逼火即焦，是故無不更相爲種也。以因量有隱顯，故果色亦有隱顯。依顯了說，即不同形，法藏所謂「本一有力爲持，多一無力爲依」是也；若依人力生一細胞，法藏所謂「多一有力爲持，本一無力爲依」是也。然諸小乘異宗，亦能了此。《大毗婆沙論》一百三十一云：「如堅物中，四大極微，體數雖等，而其勢力，地極微增。乃至動物，説亦如是。如一兩鹽，和一兩麨，置於舌上，鹽生識猛，麨生識微，此亦如是。」彼論十一又引「諸法相隱，外道説諸有爲法，互相藏隱」，明知依持隱顯之説，亦不始自《華嚴》。以有顯果，是故胡麻不生赤豆，穭稻不生小麥，形性無亂。若爾，生人軀體，唯是四大集成，四大有識，轉作細胞識具，細胞何地，更容人之自識？此亦無礙。如彼白金，體自含電，而非於此白金縷上，不可傳聚餘電。是故失命以後，本識不滅，更轉他趣。《庚桑楚》篇云：「所惡乎分者，其分也以備。」言待一切，方能成一也。「所以惡乎備者，其有以備。」言已成顯果者，介然恃其一切具足，故更排拒他物也。

凡此萬物與我爲一之説，「萬物皆種，以不同形相禪」之説，無盡緣起之説，三者無分。雖爾，此無盡緣起説，唯依如來藏緣起説作第二位。若執是實，展轉分析，勢無盡量，有無窮過。是故要依藏識説此微分，唯是幻有。何者？彼彼皆我相分，而我亦是彼彼相分，若有少缺，勢不自成，斯在藏識，其用固然。復有意根，令其堅執，有乘剛之志，故觸礙幻生；懷競爽之心，故光采假現。而實唯是諸心相構，非有外塵，即《知北游》篇所云「際之不際」，本論所云「咸其自取」，義始得通。沙門愚者謂無盡緣起説視如來藏緣起説爲勝，此既顛倒心色，又不悟有無窮過也。又謂如來藏緣起説視藏識緣起説爲勝，不悟藏識即如來藏，《楞伽》、《密嚴》皆言之。且依幻有，説萬物與我爲一，若依圓成實性，唯是一如來藏，一向無有，人與萬物，何形隔器殊之有乎？所謂一者何邪？《般若經》説：「諸法一性，即是無性；諸法無性，即是一性。」是故一即無見無相，何得有言？以藏識中有數識，既見爲一，不得無一之名。呼此一聲爲能詮之名，對此一者爲所詮之事，是「一與言爲二」。識中一種，更與能詮、所詮異分，是「二與一爲三」。本自無性，而起三數，故曰「自無適有，以至於三」。「無適」者，不動之謂，一種一事一聲，泊爾皆寂，然後爲至。所因者何？因其本是一也。此説齊物之至，本自無齊，即前引《大般若經》所謂不可説爲平等性，乃名平等性也。釋第一章竟。

夫道未始有封，言未始有常，爲是而有畛也，請言其畛。有左有右，有論有議，從崔本。有分有辯，有競有爭，此之謂八德。六合之外，聖人存而不論；六合之内，聖人論而不議。《春秋》經世先王之志，聖人議而不辯。故分也者，有不分也；辯也者，有不辯也。曰：何也？聖人懷之，衆人辯之以相示也。故曰辯也者，有不見也。夫大道不稱，大辯不言，大仁不仁，大廉不嗛，大勇不忮。道昭而不道，言辯而不及，仁常而不成，廉清而不信，勇忮而不成。五者园而幾向方矣，故知止其所不知，至矣。孰知不言之辯，不道之道？若有能知，此之謂天府。注焉而不滿，酌焉而不竭，而不知其所由來，此之謂葆光。

崔云：「《齊物》七章，此連上章，而班固說在外篇。」然則此自别爲一章也，仍衍第一章章說齊物用。「道未始有封」者，郭云「冥然無不在也」。「言未始有常」者，《老子》所謂「名可名，非常名」也。「爲是而有畛」者，郭云「道無封，故萬物得恣其分域」也。「六合之外」，謂大宇之表；「六合之内」，謂即此員輿。「《春秋》經世先王之志」，經世亦見《外物》篇。《律歷志》有《世經》，則歷譜世紀之書，其短促者，乃是紀年。《春秋》以十二公名篇，亦歷譜世紀也。志即史志，《慎子》云：「《詩》，往志也；《書》，往誥也；《春秋》，往事也。」往事，即先王之志，明非爲後王制法也。宇表事狀，不可臆知，知其非無，故存之；不可别别陳說，故不論列之也。宇内事亦無限，遠古之記，異域之傳，有可論列；人情既異，故不平訂是非也。《春秋》局在區中，而其時亦逝矣，有所臧否，祇隨成俗。《左氏》多稱君子，是其事類。第一章云：「未成乎心而有是非，是今日適越而昔至也。」若夫加之王心，爲漢制法，斯則曲辯之言，非素王之志矣。

詳夫物量無窮，天地未足以定至大之域，是固莊生所明。且聖人者，智周萬方，形充八極，故能不行而知，不見而名，豈遽不知六合以外哉？猶云「存而不論」者，持世之道，因乎常識，六合有外，人人可以比量知其總相；其外何狀，彼無現量，無由知其別相。存則無損減，不論則無增益，斯爲眇契中道。佛典多論世界形相，荒忽難知。近世言天文者，或云歲星之上有大海隄，熒惑之上有大鐵道，最怪者云，以遠鏡望熒惑星，彼星亦有一人持鏡對望。夫望見鐵道可也，既見其人，又見其人所持遠鏡，然則山川城郭邑屋之倫，大於人體遠鏡多矣，何因反不能見？豈所謂明察秋豪，不見輿薪者乎？足知是妄。此並難求實相。就云遠鏡所睎，而其他察天文者，都未諦見，獨此一人見之，何哉？即此員輿以內，鄒衍説有八十一州，《淮南·地形》亦説種種殊相，今並無有。然《莊子》雜篇亦有《閼奕》、《意脩》、《危言》、《游鳧》、《子胥》諸首，言多詭誕，或似《山海經》，或類占夢書者，見《經典釋文序録》。豈所謂論而不議？將郭子玄所云「一曲之才，妄竄奇説」者乎？夫其風紀萬殊，政教各異，彼此擬議，率皆形外之言，雖其地望可周，省俗終不悉也。若夫《春秋》者，先王之陳迹，詳其行事，使民不忘，故常述其典禮，後生依以觀變，聖人之意盡乎斯矣。《天下》篇曰：「《春秋》以道名分。」名定，故無君帝寧王之殊號；分得，故無漂杵馘磿之盈辭，斯其所以爲美。其他懲惡勸善，率由舊章。若欲私徇齒牙，豫規王度，斯末知無方之傳，應物不窮，豈以姬周末世，而能妄臆嬴劉之變哉？《老子》曰：「前識者，道之華而愚之始。」明孔父本無是言，《公羊》曲學，成此大愚也。

「人道不稱，大辯不言」，此二本義。「大仁不仁，大廉不嗛，大勇不忮」，此三譬稱之辭。「囩」者，司馬云「圓也」。鶩馳愈遠，本量愈乖，是爲畫圓成方也。「知止其所不知」者，即不論不議之謂。孔子亦云：「知之爲知之，不知爲不知，是知也。」又云：「蓋有不知而作之者，我無是也。」釋迦稱一切知者，然於俗諦，唯是隨逐梵土故言，故說史志方輿等事多有不實，此則內外聖哲軌轍有殊者矣。詳夫徵事求因，自謂無所不了。然夫有形之方，長短可劑，而平方求弦，巧算之所不盡，兩自乘之數，相等者并之，開方不能適盡。大方函小，隸首之所不知，大方函小方，積數適相倍相半，而大方之廉，即小方之弦，弦可盡則廉必不可盡。故《知北游》篇云：「物已死生方圓，莫知其根也，扁然而萬物自古以固存。」轉復觀之形物，鵠自然白，烏自然黑，孔雀文采，棘鍼銛刺，銑鐵必有慈石之用，石英必成六觚之形，

縱復説爲想成，説爲業用，何故唯此而能如此，此但可説爲扁然固存者。夫規桀之審、物曲之近，猶不可盡明如是，況其至遠者乎？故曰「不知其所由來」。「葆光」者，崔云「若有若無，謂之葆光」，謂事有象而理難徵也。釋第二章竟。

故昔者堯問於舜曰：「我欲伐宗、膾、胥敖，南面而不釋然。其故何也？」舜曰：「夫三子者，猶存乎蓬艾之閒。若不釋然，何哉？昔者十日並出，萬物皆照，而況德之進乎日者乎？」

「故」爲發端之辭，舊有其例。《禮運》「故聖人參於天地」、「故人者，其天地之德」、「故禮義也者，人之大端也」，《正義》皆別標一章，不承前語。《易・繫辭傳》多言「是故」，亦與前文不屬，並是更端之語，知此不連前爲一章也。宗、膾、胥敖，司馬云：「三國名也。」崔云：「宗一也，膾二也，胥敖三也。」郭云：「將寄明齊一之理於大聖，故發自怪之問以起對。夫物之所安無陋也，則蓬艾乃三子之妙處。今欲奪蓬艾之願，而伐使從己，於至道豈弘哉？故不釋然神解耳。若乃物暘其性，各安其所安，無有遠近幽深，付之自若，皆得其極，則彼無不當而我無不怡也。」子玄斯解，獨會莊生之旨。

原夫齊物之用，將以内存寂照，外利有情。世情不齊，文野異尚，亦各安其貫利，無所慕往。饗海鳥以太牢，樂斥鷃以鐘鼓，適令顛連取斃，斯亦眾情之所恒知。然志存兼并者，外辭蠶食之名，而方寄言高義，若云使彼野人，獲與文化，斯則文野不齊之見，爲桀、跖之嚆矢明矣。若斯論箸之材，投畀有北，固將弗受。世無秦政，不能燔滅其書，斯仁者所以潸然流涕也。墨子雖有禁攻之義，及言《天志》、《明鬼》，違之者則分當夷滅而不辭，斯固景教、天方之所馳驟，亮不足道。孟子以善戰當服上刑，及舉葛伯仇餉之事，方云「非富天下」。尚考成湯伊尹之謀，蓋藉宗教以夷人國，誠知牛羊御米，非邦君所難供；放而不祀，非比鄰所得問，故陳調諷，待其躗言，爾乃遺眾往耕，使之疑怖，童子已戮，得以復仇爲名。今之伐國取邑者，所在皆是，以彼大儒，尚復蒙其眩惑。返觀莊生，則雖文明滅國之名，猶能破其隱慝也。二者之見，長短相校，豈直龍伯之與焦僥哉。或云物相競爭，智力乃進。案莊生《外物》篇固有其論，所謂「謀稽乎誸，知出乎爭」，「春雨日時，草木怒生，銚鎒於是乎始修，草木之到植者過半，而不知其然」，知之審矣。終不以彼易此者，物有自量，豈須增益，故寧絶聖棄知，而不可鄰傷也。

向令《齊物》一篇，方行海表，縱無減於攻戰，輿人之所不與，必不得藉爲口實以收淫名，明矣。王輔嗣《易》説曰：「以文明之極，而觀至穢之物，睽之甚也。豕而負塗，穢莫過焉。至睽將合，至殊將通，恢恑憰怪，道將爲一。未至於治，先見殊怪，故見豕負塗，甚可穢也；見鬼盈車，吁可怪也。先張之弧，將攻害也；後説之弧，睽怪通也。」輔嗣斯義，豈所謂莊生之素臣邪？或言齊物之用，廓然多塗，今獨以蓬艾爲言，何邪？答曰：文野之見，尤不易除。夫滅國者，假是爲名，此是檮杌、窮奇之志爾。如觀近世有言無政府者，自謂至平等也，國邑州閭，泯然無閒，貞廉詐佞，一切都捐，而猶横箸文野之見，必令械器日工，餐服愈美，勞形苦身，以就是業，而謂民職宜然，何其妄歟！故應物之論，以齊文野爲究極。此章纔有六十三字，辭旨淵博，含藏衆宜，《馬蹏》、《胠篋》、《盜跖》諸篇，皆依是出也。釋第三章竟。

齧缺問乎王倪曰：「子知物之所同是乎？」曰：「吾惡乎知之。」「子知子之所不知邪？」曰：「吾惡乎知之。」「然則物無知邪？」曰：「吾惡乎知之。雖然，嘗試言之。庸巨從徐本。知吾所謂知之非不知邪？庸巨知吾所謂不知之非知邪？且吾嘗試問乎女：民溼寢則腰疾偏死，鰌然乎哉？木處則惴慄眴從班本。懼，猨猴然乎哉？三者孰知正處？民食芻豢，麋鹿食薦，蝍且甘帶，鴟鴉耆鼠，四者孰知正味？猨猵狙以爲雌，麋與鹿交，鰌與魚游。毛嬙、麗姬，人之所美也，魚見之深入，鳥見之高飛，麋鹿見之決驟。四者孰知天下之正色哉？自我觀之，仁義之端，是非之塗，樊然殽亂，吾惡能知其辯。」齧缺曰：「子不知利害，則至人固不知利害乎？」王倪曰：「至人神矣。大澤焚而不能熱，河海沍而不能寒，疾雷破山、風振海而不能驚。若然者，乘雲氣，騎日月，而游乎四海之外。死生無變於己，而況利害之端乎？」

物所同是，謂眾同分所發觸受想思。子所不知，謂觸受想思別別境界何緣而發。又若識及根塵，既由迷一法界而成，迷本無恒，何故數限於六，不能有七。如第一問，已證圓成實性，而見依他起性者，當能知之。如第二問，雖釋迦亦不能知也。迷一法界，乃成六識六根六塵。或欲强説云：猶平方一面轉作立方六面，不可增令七面，不可減令五面，其勢自然。《易》有六爻，義亦取此。作《易》者極深研幾，頗明此旨。爻者，爻亂之義，六爻者，即六亂相，因于六亂識也。此説似是。然立方六面，不可減令至五，不可增令至七。若六識六根外合六塵，此唯人及鳥獸爲然。蛤蚌介類，不見有眼耳鼻等識，根外亦無彼三塵，然則增之不可令七，減之非不可令五、令四、令三，與立方六面殊例。且縱依立方例，迷一法界，何故依平方法？轉成六事，何故依立方法？此終不可知者。《庚桑楚》篇曰：「動以不得已之謂德，動無非我之謂治，名相反而實相順也。羿工乎中微而拙乎使人無己譽。聖人工乎天而拙乎人。夫工乎天而俍乎人者，唯全人能之。唯蟲能蟲，唯蟲能天。全人惡天？惡人之天？而況吾天乎人乎？」「動以不得已」者，謂有根識即不能無塵，又亦目視耳聽不能相爲也。

「動無非我」者，謂本由迷一法界，成此六事，迷者即如來藏，如來藏此謂真我。次及無自主者，皆謂之動以不得已，有自主者，皆謂之動無非我，二者名固相反，實還相順。何以明之？由我自迷，故生六事，此則動無非我爲因，動不得已爲果。由此六事不能相爲，乃生勝解及慧，或則決定不可轉移，或則簡擇不可眩惑，此又動不得已爲因，動無非我爲果。近世塞楞柯調和必至、自由二説，義正類此。然物類最劣者，唯是動不得已，金石悉然，蟲亦近之。委心任化，此謂「唯蟲能蟲」。心無勝解，此謂「唯蟲能天」。聖人樂天，亦效是爾。乃若全人則不然，知彼亂識，因迷故成，而是以惡天也。然且不壞法性，是謂「工乎天」，發心趣道，是謂「俍乎人」。又知迷悟不二，故都不辨天人也。夫然，迷一成六，義雖可知，迷一所成，不過於六，此終不可知者。《起信論》解之曰：「如人迷故，謂東爲西，方實不轉。衆生亦爾，無明迷故，謂心爲念，心實不動。」又曰：「猶如迷人，依方故迷，若離於方，則無有迷。衆生亦爾，依覺故迷，若離覺性，則無不覺。」此謂方位本有，或分四正四隅，或析爲二十四，或析爲三百六十，迷者雖迷，終不出此數外。若爾，本覺心中，豈有眼耳鼻舌身意等六根六識及彼所取六塵？何故迷時乃有此數？此仍不能解也。

「物無知」者，《起信論》所謂「一切衆生，不名爲覺，以從本來念念相續，未曾離念，故説無始無明」。而實不覺，亦不可知。所以者何？迷亦是覺，物無不迷，故物無不覺。今云無知，雖一切知者亦何能知之。然則第二第三兩問皆不可知，唯第一問容有可説。觸受想思，唯是織妄，故知即不知也。達一法界，心無分別，故不知即知也。

次舉五感所取，任運分別所得，明見相本無定法。夫冰寒火熱，世以爲塵性必然，然款冬華於層冰，火鼠游乎赫燄，司馬紹統説火不熱，已引火鳥火蟲爲證。《俱舍論》九云：「曾聞析破炎赤鐵團，見其中有蟲生。」今人亦見鎔白金者，以一種微菌同置鑪中，白金已鎔，菌猶故活，是皆其例。則知冰未必寒，火未必熱。人所謂知，或應款冬火鼠所謂不知；即彼所知，此亦以爲不知；此之不知，又應彼所謂知矣。然則物情既殊，以何爲質？世之驗者，輒以湏流升降，審察寒煖。徒以白日曬光，積燎流燚，所熏之處，湏自上騰，而未知其果熱耶，且非熱耶？司馬紹統説火不熱云：「金木加人則有楚痛，而金木非楚痛，則知火亦非熱。假令欲驗痛之微勮，横刀決石，持箠杙囊，觀其組裂難易，則於人楚痛深淺可知，而彼石囊，曾無痛覺。夫然，以湏驗熱，亦奚以異此邪？如是勢用流轉，理亦同斯。夫索留薪於熾燄，燄無能留之薪；求恬羽於轉飆，飆無自恬之羽。此但人類依以爲驗，而火不焚水，風不吹光，毳布浣火而不焦，江豚逆風而無優，則知火不能焚，風不能盪也。所以者何？對於爾所能焚能盪，對於爾所不焚不盪，即不得説爲能焚能盪者。如彼牛羊視人爲能殺者，而人不能殺地水火風，則人實不爲能殺者。故發正處、正味、正色之問，明能覺者既殊，則所覺者非定，此亦所以破法執也。人與飛走，情用或殊，轉驗之人，蚳醢，古人以爲至味；燔鼠，粤人以爲上肴，易時異地，對之欲噦，亦不應説彼是野人，我有文化，以本無文野故。轉復驗之同時同地者，口之所適，則酸腐皆甘旨也；愛之所結，雖嫫母亦清揚也。此皆稠處恒人，所執兩異，豈況仁義之端，是非之塗，而能有定齊哉？但當其所宜，則知避就取舍而已。必謂塵性自然，物感同爾，則爲一䙆之論，非復齊物之談。若轉以彼之所感，而責我之亦然，此亦曲士之見。是故高言平等，還順俗情，所以異乎「反人爲實，勝人爲名」者也。

若夫至人者，親證一如，即無歧相現覺，無有風雷寒熱，尚何侵害之有？《大毗婆沙論》三十一云：「傾動大捨，故名大悲。若佛安住大捨法時，假使十方諸有情類，一時吹擊大角大鼓，或現雷震掣電辟歷，諸山大地傾覆動摇，不能令佛舉心視聽。」此乃所謂至人。郭云：「夫神全形具而體與物冥者，雖涉至變，而未始非我，故蕩然無蠆介於胸中也。」釋第四章竟。

瞿鵲子問乎長梧子曰：「吾聞諸夫子，聖人不從事於務，不就利，不違害，不喜求，不緣道；無謂有謂，有謂無謂，而游乎塵垢之外。夫子以爲孟浪之言，而我以爲妙道之行也。吾子以爲奚若？」長梧子曰：「是皇帝之所聽熒也，而丘也何足以知之。且女亦大早計，見卵而求時夜，見彈而求鴞炙。予嘗爲女妄言之，女以妄聽之，奚旁日月，挾宇宙，爲其脗合，置其滑涽，以隸相尊。衆人役役，聖人愚芚，參萬歲而一成純，萬物盡然，而以是相蘊。予惡乎知説生之非惑邪，予惡乎知惡死之非弱喪而不知歸者邪？麗之姬，艾封人之子也。晉國之始得之也，涕泣沾襟；及其至於王所，與王同筐牀，食芻豢，而後悔其泣也。予惡乎知夫死者不悔其始之蘄生乎？夢飲酒者，旦而哭泣；夢哭泣者，旦而田獵。方其夢也，不知其夢也。夢之中又占其夢焉，覺而後知其夢也。且有大覺而後知此其大夢也，而愚者自以爲覺，竊竊然知之。君乎，牧乎，固哉。丘也與女皆夢也；予謂女夢，亦夢也。是其言也，其名爲弔詭。萬世之後而一遇大聖知其解者，是旦莫遇之也。既使我與若辯矣，若勝我，我不若勝，若果是也，我果非也邪？我勝若，若不吾勝，我果是也，而果非也邪？其或是也，其或非也邪？其俱是也，其俱非也邪？我與若不能相知也，則人固受其黮闇。吾誰使正之？使同乎若者正之？既與若同矣，惡能正之？使同乎我者正之？既同乎我矣，惡能正之？使異乎我與若者正之？既異乎我與若矣，惡能正之？使同乎我與若者正之？既同乎我與若矣，惡能正之？然則我與若與人俱不能相知也，而待彼也邪？何謂和之以天倪？曰：是不是，然不然。是若果是也，則是之異乎不是也亦無辯；然若果然也，則然之異乎不然也亦無辯。化聲之相待，若其不相待，和之以天倪，因之以曼衍，所以窮年也。忘年忘義，振於無竟，故寓諸無竟。」

此章初説生空，次説生空亦非辭辯可知，終説離言自證。「不就利，不違害」者，郭云：「任而直前。」「不喜求」者，謂不欲求長生，亦不欲求寂滅。「不緣道」者，謂知道不可緣，所證無有境界，若《華嚴經》説「無有少法爲智所入，亦無少智而入於法」，故雖隨俗言緣，其實不緣也。「無謂有謂」者，《寓言》篇云：「終身不言，未嘗不言。」「有謂無謂」者，《寓言》篇云：「終身言，未嘗言也。」「游乎塵垢之外」者，郭云：「凡非真性，皆塵垢也。」此本妙道之行，而長梧子方復以爲早計者，此理本在忘言之域，非及思議之閒，不悟其因而求其果，終入佝瞀之塗，故嘗爲妄言，令隨順得入也。「旁日月」等，皆説生空，明所以不就利、不違害、不喜求之故。「旁日月」者，喻死生如晝夜；「挾宇宙」者，喻萬物本一體。「脗合」者，郭云：「無波際之謂。」「滑涽」者，向作「汩涽」，云「未定之謂」，此當喻亂相亂體。「隸」者，《田子方》篇曰：「棄隸者若棄泥塗，知身貴於隸也，貴在於我而不失於變。且萬化而未始有極也。」斯所謂我，即如來藏不變隨緣者也。詳其言隸，以比四支百體，總爲身根。「以隸相尊」，即佛法所謂薩迦邪見。此言死生無異，萬物一如，於中妄箸亂相亂體，乃起薩迦邪見。衆人馳流無已，而聖者愚芚，若不知也。愚非誠愚，《天地》篇云：「黄帝遺其玄珠，使知索之而不得，使離朱索之而不得，使喫詬索之而不得。乃使象罔，象罔得之。」《知北游》篇云：「弗知乃知乎，知乃不知乎？」並是此義。夫愚芚者，其觀萬歲，猶一純束之中，纏縛不解，萬物盡然，以是薩迦邪見積起塵勞，斯非知者所能知，乃不知則知之矣。如言而計，説生惡死，寧知非惑。喻以麗姬涕泣，此非以死爲得所，特矯説生之義。覺夢之喻，亦非謂生夢死覺。大覺知大夢者，知生爲夢，故不求長生；知生死皆夢，故亦不求寂滅。愚者不悟身爲臺隸，而顧君牧視之，見有主宰，斯亦固矣。然長梧所論，亦非親證實相之談，故必俟大聖於萬世，庶知其解。

次明雖俟大聖，亦不可定生空義。何以明之？辯者證者，無過四句，雖復待之大聖，大聖有自證之功，亦無證他之語，以大聖語亦隨俗，不離四句故。夫然，則有謂無謂、無謂有謂之爲妙道，於是斷可識矣。終説「和之以天倪」者，以待大聖證成生空，則不如自證也。「天倪」者，郭云：「自然之分。」諸有情數，始以尋思，終以引生如實智，悉依此量，可以自内證知。如歠井者，知其鹹淡，非騁辯詭辭所能變。然則是異不是，然異不然，造次而決，豈勞脣舌而煩平定哉？然諸自證，亦有真俗之殊。五感所得，言不可破，其閒能覺所覺，猶是更互相待，青黄甘苦諸相，果如是青黄甘苦否？《大宗師》篇云：「夫知有所待而後當，其所待者特未定也。」此徒俗中自證，未爲真自證者。其真自證，乃以不知知之，如彼《起信論》説：「若心起見，則有不見之相，心性離見，即是遍照法界義故。」《大宗師》篇云：「有真人而後有真知。」此爲離絶相見對待之境，乃是真自證爾。而此真自證者，初依天倪爲量，終後乃至離念境界所證得者，即亦最勝天倪也。

「化聲」者，即謂似法似義，有見意言，自非親證，而待左證平議於人言，雖遇大聖，猶不能條理斯義，亦與不待無殊，何爲棲棲遠求萬世乎？「和之以天倪，因之以曼衍，所以窮年」者，《寓言》篇云：「重言十七，所以已言也，是爲耆艾。年先矣，而無經緯本末以期年耆者，是非先也。人而無以先人，無人道也；人而無人道，是之謂陳人。卮言日出，和以天倪，因以曼衍，所以窮年。」詳彼文義，謂依據故言，若因明所謂聖教量者，足以暫寧諍論，止息人言，乍似可任，而非智者所服。唯和之自然之分，任其無極之化，則是非之境自泯，而性命之致自窮也。忘年謂前後際斷，仲尼所謂「無古無今，無始無終」，乃超乎窮年矣。忘義謂所知障斷，老聃所謂「滌除玄覽」，乃超乎和以天倪矣。忘年爲體，窮年爲用，比其應化，則死生修短，惟所卷舒，故能止於常轉，不受漂蕩，寄於三世，不住寂光。詳《荀子·致士》篇亦云「美意延年」，《修身》篇亦云「扁善之度，以治氣養生，則後彭祖；以修身自名，則配堯禹」，豈謂能使顔淵秀實，伯牛考終哉？能見道者，善達生空，則存亡一致；已證道者，刹那相應，則舒促改觀。夫然，故知游乎塵垢之外，非虚語也。

問曰：天倪之用，祇以自證生空邪？答曰：非獨爾也。言天倪者，直訓其義，即是自然之分。《成唯識論》云：「如契經説，一切有情，無始時來，有種種界，如惡叉聚，法爾而有。界即種子差别名故。」又引經説「無始時來界，一切法等依，界是因義」，即種子識。然則自然之分，即種種界法爾而有者也。彼種子義説，爲相、名、分别習氣，而與色根器界有殊。令若廢詮談旨，色根器界還即相分，自亦攝在種子之中。《寓言》篇云：「萬物皆種也，以不同形相禪，始卒若環，莫得其倫，是謂天均。天均者，天倪也。」是則所謂無盡緣起。色根器界，相名分别，悉號爲種，即天倪義。若就相、名、分别習氣計之，此即成心，此即原型觀念。一切情想思慧，騰掉無方，而繩籞所限，不可竄軼。平議百家，莫不持此。所以者何？諸有知見，若淺若深，悉依此種子而現世識、處識、相識、數識、作用識、因果識，乃至我識。此七事者，情想之虎落，智術之垣苑。是故有果無因，有相無體，現色不住於空閒，未來乃先於現在，爲人所不能念。自不故爲矯亂及寱語病狂者，凡諸儒林白衣，大匠祆師，所論縱無全是，必不全非。邊見但得中見一部，不能悉與中見反也；倒見但誤以倒爲正，不能竟與正見離也。故雖天磨珍説，隨其高下，釁瑕沓見，而亦終與三等俗諦相會，轉益增勝，還以自然種子角議。所以者何？一種子與多種子相攝，此種子與彼種子相傾，相攝非具，即此見具；相傾故礙，轉得無礙。故諸局於俗諦者，觀其會通，隨亦呈露真諦。然彼數輩，自未發蒙，必相與爭明，則迫光成闇；苟納約自牖，而精象回旋，以此曉了，受者當無膏肓之疾。此説同異之辯，不能相正，獨有和以天倪。第一章説「和以是非，休乎天鈞，此謂兩行」，已示其耑萌矣。康德之批判哲學，《華嚴》之事理無礙、事事無礙，乃莊生所籠罩，自非天下至精，其孰能與於此？爾則天倪所證，寧獨生空，固有法空，即彼我執法執，亦不離是。真妄一原，假實相盪，又非徒以自悟，乃更爲悟佗之齊斧也。

問曰：和以天倪，因以曼衍，則莊生自悟悟他之本，將以導示群倫，術盡於斯邪？答曰：是有孔顏心齋之義。《人閒世》説顏回欲説衛君，仲尼告以心齋。回曰：「敢問心齋？」仲尼曰：「若一志，無聽之以耳而聽之以心，無聽之以心而聽之以氣。聽止於耳，心止於符。氣也者，虛而待物者也。氣即呼吸，呼吸之氣，外與諸方聲浪觸擊，雖在極迥，呼吸無不受其振盪。心擾即不能覺，心在至寂，自能了別眾緣。唯道集虛。虛者，心齋也。」必依三昧，乃得以氣聽也。顏回曰：「回之未始得使，實自回也；得使之也，未始有回也，可謂虛乎？」夫子曰：「盡矣。吾語若。若能入游其樊而無感其名，入則鳴，不入則止，無門無毒，一宅而寓於不得已，則幾矣。絶迹易，無行地難。爲人使易以僞，爲天使難以僞。聞以有翼飛者矣，未聞以無翼飛者也；聞以有知知者矣，未聞以無知知者也。瞻彼闋者，虛室生白，吉祥止止。寂光所現，燭燿八極，云虛室生白。夫且不止，是之謂坐馳。止而不止，周流六虛，謂之坐馳。夫徇耳目内通，徇，使也。而外於心知，以氣聽者，心無尋求，非都無分別也。而云外心知者，必依無分別智乃起此用，如他心智亦然。以衆生緣力，令現似文似義諸相，而非不寂靜也。鬼神將來舍，而況人乎？」尋此所說，即釋典三輪中第二輪也。《瑜伽師地論》說爲三種神變教誡，一神力神變，二記說神變，三教導神變。記說神變者，謂依他心智記別他心，而記言說。如《十地論》義，以天耳通聞彼聲，以他心智知彼意，方爲說法，是即記說神變。此云「聽止於耳，心止於符，氣虛待物」是也。此三神變，三乘聖者悉能用之，在佛即稱三輪。《十輪經》說如來及諸菩薩所有神通、記說、教誡三種勝輪，作用無礙。又云輪者，謂於諸法無所罣礙，猶如日光普照一切，隨其所宜，宣說正法。此云「無行地」、「以無翼飛」，與言無所罣礙同。云「虛室生白，吉祥止止」，與言日光普照同。云「夫且不止，是謂坐馳」，與稱勝輪同。舊但以心齋爲禪定，雖因果相依，于教誡衛君之道則遠。且禪定則止耳，豈可云不止坐馳邪？當言依於三昧，得起神用，於義始愜。夫人應對之頃，言不盡意，意言流注，口輔或不盡宣。暫起之意，又與初旨或相違反，自非天耳、他心二通，何由得其癥結？膚受而説，曾足以治療邪？故知顔回屢空而寂照，子貢億度而屢中，校其功用，相去懸矣。《論》稱孔子六十耳順，孫綽以爲廢聽，正與《人間世》説相符。《寓言》篇云：「孔子行年六十而六十化。」「好惡是非，直服人之口而已矣。使人乃以心服，而不敢蘁立，定天下之定。」足明耳順以還，教無不應，此乃堪化一切有情，非專調伏暴人也。苟無其實，雖察言觀色，上説下教，猶未知弈法而與人棋，暫或得志，直適然耳。然惟神變之道，此土聖哲之所罕言，是以莊生述此。文章深美，穆如清風，未嘗揚厲也。乃夫自悟悟他之本，固在和以天倪，因以曼衍，寧有他技焉。釋第五章竟。

罔兩問景曰：「曩子行，今子止；曩子坐，今子起，何其無持從或本。**操與？」景曰：「吾有待而然者邪？吾所待又有待而然者邪？吾待蛇蚹、蜩翼邪？惡識所以然，惡識所以不然？」**

《釋文》：「景，映永反，本或作影。」今按景本訓光，當如字讀。罔兩，向云「景之景」，蓋謂反射餘光。夫晷景遷馳，分陰不駐，此爲自無主宰，別有緣生，故發罔兩問景之端，責其緣起。世人皆云光待日輪，或復待火，或復待電；亦云光所由傳，待諸游氣，轉上氣盡，別有伊態爾者爲之傳引。此則日火電等爲其本因，餘悉外緣。然彼光、熱、電三展轉相生，有無窮過，故曰「吾有待而然者邪，吾所待又有待而然者邪」。光必相傳，故能破闇。《十二門論》所說鐙不到闇，蓋已無效。然傳光待氣，世所證知，以頗黎瓶排令氣盡，光復得通，由此說言，復有精氣，名伊態爾，爲能傳光。而彼伊態爾者，誰所證得？或說真空中有欵奈盧鷄，其無證亦同此。不驗之言，更無理喻。復云何知真空不能傳光，故曰「吾待蛇蚹蜩翼邪」。然則光景駿流，人所恒覩，揣其由然，前者即違比量，後者即無現量，皆不極成，故曰「惡識所以然，惡識所以不然」。佛法立四種道理，若斯之流，不見作用道理，唯有觀待道理，不得證成道理，唯依法爾道理。且彼法爾道理者，即猶老莊所謂自然。近人簫賓問爾於轉化充足主義、忍識充足主義之外，別立存在充足主義，亦猶佛法之立法爾道理也。而彼自然亦非莊生所能誠信。如全人惡天之說。言「惡識所以然，惡識所以不然」者，非信法爾道理，正破因果律耳。佛法立十二緣生，前有後有，推盪相轉，而更無第一因。《大乘入楞伽經》曰：「大慧菩薩白佛言：佛說緣起，是由作起，非自體起；外道亦說勝性、自在、時、我、微塵生於諸法。今佛世尊，但以異名說作緣起，非義有別。外道亦說以作者故，從無生有；世尊亦說以因緣故，一切諸法本無而生，生已歸滅。如佛所說，無明緣行，乃至老死。此說無因，非說有因。世尊說言此有故彼有，若一時建立，非次第相待者，其義不成。是故外道說勝，非如來也。何以故？外道說因，不從緣生而有所生；世尊所說，果待於因，因復待因，如是展轉，成無窮過。此即莊生所破。又此有故彼有者，則無有因。佛言：我了諸法，唯心所現，無能取所取，說此有故彼有，非是無因及因緣過失。大慧，若不了諸法唯心所現，計有能取及以所取，執著外境，若有若無，彼有是過，非我所說。」詳夫因緣及果，此三名者，隨俗說有；依唯心說，即是心上種子，不可執著說有，是故緣生亦是假說。莊生云：「惡識所以然，惡識所以不然？」正謂此也。唐世沙門多謂莊生不達緣生之理，案《寓言》篇云：「莫知其所終，若之何其無命也。莫知其所始，若之何其有命也。」非無命，非有命，即不得不說緣生。《田子方》篇云：「日出東方而入於西極，萬物莫不比方，有目有趾者，待是而後成功，是出則存，是入則亡。萬物亦然，有待也而死，有待也而生。吾一受其成形，而不化以待盡，效物而動，日夜無隙，而不知其所終；薰然其成形，知命不能規乎其前，丘以是日徂。」此所引者，乃仲尼說，明言死生有待。誰謂孔莊二哲，不達緣生，特無十二種名號耳。然依《庚桑楚》篇云：「有生，黬也，披然曰移是。」「請嘗言移是，是以生爲本，前有之生也。以知爲師，無明、行、識三支，通得云知。因以乘是非；因識以起彼此之見，則心物宛殊矣。果有名實，名實即名色，亦兼六處。知爲因，名實爲果，即識緣名色，名色緣六處也。因以己爲質；己謂身根，因有名色、六處，由是起觸，觸以身根爲質。使人以爲己節，節者，字本作卩，《説文》：「卩，瑞信也。」非彼無我，以觸彼故，方知有我，是使所觸者爲能觸者之符驗也，故次得受、愛、取、有四支。因以死償節。償卩，猶持卩者事已則致卩也。觸、受、愛、取、有既了，所作成辦，乃以死償節，則更趣後有之生死二支。若然者，以用爲知，以不用爲愚，以徹爲名，以窮爲辱。知愚之見即惑，名辱之見即業，此總舉緣生之事。移是，今之人也，是蜩與學鳩同於同也。」向之移是爲今之人，今之移是爲後之人，雖因業所感，取趣有殊，而因惑所成，結生無異，故曰「蜩與學鳩同於同」也。此所引者，乃老聃説，與十二緣生大體相符。且譯者所用因果二名，尚因《莊子》，《莊子》所言果，與佛典之果同義；其言因者，則倒本前事之言，與佛典辭气有差，義乃無異。輒以孔隙之明，妄非先達，髀孰甚焉。

又云莊生不達唯心之理，詳此所謂成心，即是識中種子。《德充符》所言靈府，即是阿羅邪識，《庚桑楚》所言靈臺，即是阿陀那識。阿羅邪譯言藏，阿陀那譯言持，義皆密合。且其言持、言業、言不舍，非獨與大乘義趣相符，名相亦適相應，雖以玄奘、窺基之辯，何能强立異同哉。

然此章復破緣生，而作無因之論。《寓言》篇且云「生無所自」，説者不了，遂謂莊生純執自然，他無所曉，斯所謂焦明已翔乎寥廓，獵者猶視乎藪澤也。《大宗師》篇云「孟孫氏不知所以生，不知所以死」，「唯簡之而不得，夫已有所簡矣」。此謂不知生死所緣，非誠不能簡別也。徒以推究無窮，故簡之而不得，斯亦莊生所以自喻。誠令專説緣生，果能避無窮過乎？説無因者，亦佛法最後了義。《大乘入楞伽經》云：「世論婆羅門問我言，無明、愛、業爲因緣故，有三有邪？爲無因邪？我言此二亦是世論。」是則緣生正是世論，無因無緣而生亦是世論。又云：「爲除有生執，成立無生義。我説無因論，非愚所能了。一切法無生，亦非是無法。如乾城幻夢，雖有而非真〔二〕。」此乃以無因論爲究竟。蓋諸法不生，因緣亦假，雖宣説無因，有異常斷二見也。其以乾城幻夢喻，雖有而無因，語亦有過。乾城具言乾闥婆城，即此海市，亦以反影回射而成，其所依質，猶是對岸山巒城郭，非爲無因。夢亦有因，樂彥輔説夢是想，云未嘗夢擣齏、啗鐵杵、乘車入鼠穴，以素無其想爾。唯幻或可無因，然施幻術者，亦即是因。大抵近事無有不從因緣生者，唯展轉推求，則不得其第一因耳。故雖有無因之義，於近事中無可舉例，展轉推求，無非斯例。又云：「隨俗假言説，因緣遞鉤瑣。若離因緣瑣，生義不可得。我説唯鉤瑣，生無故不生。離諸外道過，非凡愚所了。若離緣鉤瑣，別有生法者，是則無因論，破壞鉤瑣義。」夫言別有生法者，以其緣會眾多，無有主因可得，心既不了，由是説無因論，此愚夫一切

〔二〕「非真」，據《大乘入楞伽經》卷五《無常品第三之二》，當作「無因」。

之見也。今説生之所因，還待前生，展轉相推，第一生因，唯心不覺，不覺故動，動則有生，而彼心體非從因緣和合而生。所以爾者，世識三時，即心種子，因果之識，亦心種子，不以前後因果而有心，唯依心而成前後因果，如是説無因論，乃成無過。假有第一生期，此即唯是心動，更無他因。雖依因果説，不覺爲因，動爲其果，動復爲因，生爲其果，而實不覺即動，動即是生，更無差別，故曰生無自也。問以緣會衆多而生無因論者，其義云何？答言：凡言因果，其閒差別衆多。《瑜伽》、《唯識》並説十因五果，若專藉一因而成一果者，近事固鮮其例。今有一人，欲破因果之律，乃云世俗説言種瓜得瓜，爲問瓜子爲因？種者爲因？種具爲因？種事爲因？土田爲因？又如撞鐘成聲，爲問鐘體爲因？撞者爲因？撞具爲因？撞事爲因？種種不可相離，而不得謂因有爾所自體，是故説無因論。然此實是淺陋不學之見。所以者何？一果本非一因所成，《大毗婆沙論》二十一云：「法既與多法爲能作因，多法亦與一法爲能作因。」今依法相，但説主因爲能生因，其餘諸緣可説爲方便因。瓜望瓜子爲生起因，瓜子望瓜爲等流果；種事望種者爲士用依處，種事望種具爲作用依處；種者、種具望種事爲士用果，種事望瓜爲增上果，土田望瓜亦增上果。鐘聲望鐘爲生起因，其望撞具，亦有一分爲生起因；鐘聲因鐘與椎和合得成，本是雜聲。鐘望鐘聲爲異熟果，撞具望鐘聲，亦有一分爲異熟果；異熟果本不據無情爲説，然今借以成義，意趣相合。撞事望撞者爲士用依處，撞事望撞具爲作用依處；撞者、撞具望撞事爲士用果，撞事望鐘聲爲增上果，本無疑義。徒以世人誤執一因一果，遂墮疑處，簫賓問爾、弭爾皆不精解因果別相，何論苟談名理者乎？且種瓜得瓜，而撞鐘不能得鐘，唯得鐘聲，此則等流、異熟，果本不同。然種瓜唯是得瓜，雖以茜草、蝦蟇藍等種種汁色，染入瓜子，能令瓜色有異，而不能令成非瓜，故即生起因可説爲同類因。撞鐘所得亦是鐘聲，雖木椎敂發，雜有金木二音，金音固爲其主；縱令以磬撞鐘，能得鐘磬各半之聲，而不能令無鐘聲，故即生起因可説爲定異因也。然《瑜伽師地論》説因是無常，《大毗婆沙論》二十一亦云：「我説諸因，以作用爲果，非以實體爲果。」又説：「諸果以作用爲因，非以實體爲因。諸法實體，恒無轉變，非因果故。」今説瓜子土田與瓜，鐘體撞具與聲，相爲因果者，别言以有形相者爲實體，無形相者爲非實體；廣言即一切形相皆無實體，以有轉變，非不可壞，故説無實。雖至金鐵樸鋌，唯是一注，固者可化爲液，液者可化爲固，未有恒無轉變者，豈況雜集流形之品，而可説爲不變？如是因果歷然，無所疑滯。不了者唯許有一主宰，今見主宰猥多，遂生無因之義。是故等是一無因論，智愚之分，有若天壤者矣。

沙門詰言：莊生《庚桑楚》篇云：「萬物出乎無有。有不能以有爲有，必出乎無有，而無有一無有。」斯非斷滅之見邪？答曰：彼言有者，即如近人所計物質在五塵外，非現量得，無形礙故，非比量得，界最廣故。莊生意言，假令誠有物質者，物質不能自忍物質爲物質，誰忍之者，唯是心量。然以現量、比量觀察物質，此中現量不能觸受，比量不能推度，唯是依於法執，忍有物質，而彼法執即是遍計，遍計所執自性本空，故知萬物出乎無質。質既是無，即此萬物現相，有色有聲有香有味有觸者，唯是依他起性，屬於幻有，故曰「無有一無有」也。《老子》亦云：「天下萬物生於有，有生於無。」初語隨法、我執，故云萬物生於本質；次語破法、我執，故云本質生於無。無者云何？即遍計所執自性。此性本無，無則不生，而言生於無者，欲以無之能生，證明有之爲幻，所謂正言若反者矣。又《天地》篇云：「泰初有無，無有無名；一之所起，有一而未形。物得以生，謂之德；未形者有分，且然無閒，謂之命；留動而生物，物成生理，謂之形；形體保神，各有儀則，謂之性。」郭子玄曰：「一者，有之初，至妙者也。至妙，故未有物理之形耳。夫一之所起，起於至一，非起於無也。然莊子之所以屢稱無於初者，何哉？初者，未生而得生，得生之難，而猶上不資於無，下不待於知，突然而自得此生矣。」今案彼言無者謂質，彼言一者謂心，亦即一真法界。彼言「未形者有分，且然無閒，謂之命」，有分即是藏識。《成唯識論》謂上坐部經、分別論者密意，說此藏識名有分識是也。能引諸界趣生異熟果，故説爲且然。無始時來，一類相續無閒斷，故説爲無閒。是皆説物質本無，而不説心量本無，正契唯心勝義，寧同斷滅之見乎？近世達者，莫若簫賓閭爾，彼説物質常在之律，非實驗所能知，惟依先在觀念知之。然不悟此先在觀念，即是法執，其去莊生之見，倜乎不及遠矣。若復問言，何由知莊生所謂無有者，即指遍計所執自性？應答彼言，第一章中其義已了，今復再徵他篇，廣爲其驗。《大宗師》篇云：「陰陽於人，不翅於父母；彼近吾死而我不聽，我則悍矣。」此似計陰陽爲有。《庚桑楚》篇乃云：「寇莫大於陰陽，無所逃於天地之閒。非陰陽賊之，心則使之也。」此明謂陰陽非有，惟心所使。《達生》篇云：「凡有貌象聲色者，皆物也，物何以相遠？夫奚足以至乎先？是色而已。通乎物之所造，物奚自入焉。」此明本無造色種子，造色者心也，證見心造，其物自空。如是依他、遍計等義，本是莊生所有，但無其名，故知言無有者，亦指斥遍計所執自性也。烏虖，莊生振法言於七篇，列斯文於後世，所説然於然、不然於不然義，所待又有待而然者義，圓音勝諦，超越人天。如何褊識之夫，不尋微旨，但以近見破之？世無達者，乃令隨珠夜光，永埋塵翳。故伯牙寄弦於鍾生，斯人發歎於惠墓，信乎臣之質死，曠二千年而不一悟也，悲夫！釋第六章竟。

昔者莊周夢爲胡蝶，栩栩然胡蝶也，自喻適志與，不知周也。俄然覺，則蘧蘧然周也。不知周之夢爲胡蝶與，胡蝶之夢爲周與？周與胡蝶，則必有分矣。此之謂物化。

郭云：「今之不知胡蝶，無異於夢之不知周也，而各適一時之志，則無以明胡蝶之不夢爲周矣。世有假寐而夢經百年者，則無以明今之百年非假寐之夢者也。」詳夫寤寐殊流，孰爲真妄，本無可知。康德謂以有覺時故知夢妄，此非了義之言。夢云覺云，計其時序，分處有生之半，若云以覺故知夢妄，亦可云以夢故知覺妄。或云衆所共見爲真，己所别見爲妄，然則漂播南州，乃至冰海，倏見異獸，而他人不窺者衆矣，何見彼之必真，此之必妄。然惑者以覺爲真，忍夢亦真；明者辨夢爲妄，知覺亦妄。但以覺時所得言説受想，皆依教誦串習而成，夢則宛爾自就，亦不能餘於覺外，故説覺爲本相，夢爲殘相。其間亦有少許差别，夢覺境同者，如專看一物，瞑目唯覺此物現前；夢覺境異者，如專看絳色，瞑目乃覺緑色現前是也。若夫常在定者，覺時無妄，睡中亦無妄相。是以《大宗師》篇云：「古之真人，其寢不夢。」《大毗婆沙論》三十七：「問：何等補特伽羅有夢？答：異生、聖者皆得有夢，聖者中從豫流果乃至阿羅漢、獨覺，亦皆有夢，唯除世尊。所以者何？夢似顛倒，佛於一切顛倒習氣皆已斷盡，故無有夢。如於覺時心、心所法無顛倒轉，睡時亦爾。」此正同《大宗師》説，諸有夢者，皆由顛倒習氣未盡耳。

然尋莊生多説輪回之義，此章本以夢爲同喻，非正説夢。《大宗師》篇云：「若人之形者，萬化而未始有極也。」《養生主》篇云：「適來，夫子時也；適去，夫子順也。」「指窮於爲薪，火傳也，不知其盡也。」《知北游》篇云：「生也死之徒，死也生之始。」《田子方》篇云：「生有所乎萌，死有所乎歸，始終相反乎無端，而莫知乎其所窮。」《寓言》篇云：「有以相應也，若之何其無鬼邪？無以相應也，若之何其有鬼邪？」非無鬼，非有鬼，離斷常見，則必議及輪回。而彼梵土，積喙相傳，有輪回義，非獨依於比量，亦由借彼重言。此土既無成證，鯀化黄能，緩作秋柏，唯有一二事狀，而不能覩其必然。質言輪回，既非恒人所見，轉近夸誣，故徒以夢化相擬，未嘗質言實爾。《庚桑楚》篇云：「嘗言移是，非所言也。雖然，不可知者也。」《大宗師》篇云：「方將化，惡知不化哉？方將不化，惡知已化哉？」此皆百姓與能之義，大人質要之言。所以者何？等之無有現量，唯有比量，親證不得，而可質言其有，斯乃近於專斷。就有重言，亦非聰睿質誠者所保信。應機徵事之文，不應爾也。佛法所説輪回，異生唯是分段生死，不自主故；聖者乃有變易生死，得自主故。如説老聃不知其盡，仲尼以是日徂，斯皆變易生死之類，而莊生亦無異文別擇，皆以衆所不徵，不容苟且建立，斯其所以爲卮言歟。外篇《達生》説：「棄世則無纍，無纍則正平，正平則與彼更生，更生則幾矣。」「形精不虧，是謂能移；精而又精，反以相天。」言「能移」者，與汎説「移是」異；言「與彼更生」者，與汎説「更生」異，旨可知也。至乃六趣升沈之説，善惡酬業之言，斯猶將形順理者無鼠憂之纍，耽色嗜醇者有疾疢之災，理有必至，而莊生無文焉。既以事無期驗，又亦不益勸懲。夫靜然可以補病，眥搣可以休老，鹵莽其性者，至乎漂疽疥癰，内熱溲膏，此皆莊生所箸，醫經方術亦具言之。《呂氏·情欲》篇且説「大貴之生速盡，胷中大擾，妄言想見，臨死之上，顛倒驚懼，不知所爲」。懲戒之切，乃至於是，顧世人從者幾何。若其渴望無已，攻取萬端，王章禁盜，非不厲也，而搴裳赴鑊者甘之若薺，噬膚滅鼻者就死如飴。是故鋌而走險，雖大威在前，猶不時避，又況形身變化，情之所隔，雖復當遭炮烙，其何憚哉？就有少畏，執箸之念轉成，蓋如鳩食桑葚，非不革響，然其心亦醉矣。向之人非六趣升沈之所動，斯之人則六趣升沈之所封，以斯垂訓，誠無益也。《達生》但説：「人之所取畏者，衽席之上，飲食之閒，而不知爲之戒者，過也。」智者推例，足以明之。輪回生死，亦是俗諦，然是依他起性，而非遍計所執性。前章説無待，所以明真，此章説物化，所以通俗，其他同異，固闕然不論焉。或云：輪回之義，莊生、釋迦、柏剌圖所同，佛法以輪回爲煩惱，莊生乃以輪回遺憂，何哉？答曰：觀莊生義，實無欣羡寂滅之情。《德充符》篇説王駘事云：「以其知得其心，以其心得其常心」，「彼且擇日而登假」。謂依六識現量，證得八識自體，次依八識現量，證得菴摩羅識自體。「以一念相應慧，無明頓盡，於色究竟處，示一切世間最高大身也。」此乃但說佛果，而亦不說涅槃。《田子方》篇說：「老聃云：『吾游心於物之初。』孔子曰：『何謂邪？』老聃曰：『心困焉而不能知，口辟焉而不能言。』」此謂十地向盡，一念相應，覺心初起，心無初相，是爲究竟覺地，而亦無涅槃事。且云：「貴在於我，而不失於變，且萬化而未始有極。」直謂不思議業，隨處普現色身耳。唯《大宗師》篇說：「卜梁倚參日外天下，七日外物，九日外生，次乃朝徹，次乃見獨，次乃無古今，次乃入於不死不生。」則佛法所謂遠行地後之大士，不死不生，義與涅槃無異。然能不見生死者，雖復出入生死，而親證其本不生。《起信論》說初發心者，尚云「離於妄見，不住生死，攝化衆生，不住涅槃」，轉至窮盡。《大乘入楞伽經》指目菩薩一闡提云：「諸菩薩以本願方便，願一切衆生，悉入涅槃。若一衆生未涅槃者，我終不入。此亦住一闡提趣，此是無涅槃種性相。菩薩一闡提知一切法，本來涅槃，畢竟不入。」此蓋莊生所詣之地。云何知然？《德充符》說「人故無情」，謂本無煩惱障，五蘊自性不生，亦無有滅也。又說：「吾所謂無情者，言人之不以好惡內傷其身，常因自然而不益生。」謂不怖畏生死，隨順法性，亦不爲生作增上緣也，是豈以輪轉遺憂邪？原夫大乘高致，唯在斷除爾燄，譯言斷所知障，此既斷已，何有生滅與非生滅之殊。《德充符》篇云：「幸能正生，以正衆生。夫保始之徵，不懼之實，勇士一人，雄入於九軍。將求名而能自要者，而猶若是，而況官天地，府萬物，直寓六骸，象耳目，一知之所知，而心未嘗死者乎？」莊生本不以輪轉生死遺憂，但欲人無封執，故語有機權爾。

又其特别志願，本在内聖外王，哀生民之無拼，念刑政之苛殘，必令世無工宰，見無文野，人各自主之謂王，智無留礙然後聖。自非順時利見，示現白衣，何能果此願哉？苟專以滅度衆生爲念，而忘中塗恫怨之情，何翅河清之難俟，陵谷遷變之不可豫期。雖抱大悲，猶未適於民意。夫齊物者，以百姓心爲心，故究極在此，而樂行在彼。王輔嗣《易》説曰：「官有渝變，隨不失正。」明斯旨也，其何波瀾同異之辯乎？《則陽》篇云：「憂乎知而所行恒無幾時，其有止也若之何？」憂乎知，言欲斷所知障也。所行無盡時，即所謂不住涅槃。不住涅槃，云何言滅盡？「師天而不得師天，與物皆殉，其以爲事也若之何？」天即自然，此土無法性之名，故以天言之。言欲順法性無生，而事則恒是有生。與物皆殉，其自所有事者，復當如何？亦猶佛法既言超出三界，又言入胎出胎成道轉法輪也。聖人未始有天，未始有人，未始有始，未始有物，物讀如物故之物，字正作歾，終也。與世偕行而不替，替，廢，一偏下也。所行之備而不洫，洫讀如卹，鮮少也。其合之也若之何？」既無法執，而又具足無量功德，云何「等同一味，唯一真如」。設此三難，用相磑䂄，以見内證聖智，與隨世示現之相，本自不同。是故《天地》篇云：「其與萬物接也，至無而供其求，時騁而要其宿，「至無」者，即二無我所現圓成實性也。「供其」求者，即示現利生也。「時騁」者，即不住涅槃也。「要其宿」者，即不墮生死也。大小，長短，脩遠。」《天下》篇自序云：「上與造物者游，莊生已明物皆自取，則不得更有造物者。造物，即謂衆生心也。而下與外死生、無終始者爲友。其於本也，弘大而辟，深閎而肆；其於宗也，可謂稠適而上遂矣。雖然，其應於化而解於物也，其理不竭，其來不蜕，芒乎昧乎，未之盡者。」外死生，無終始，即知一切法本來涅槃；應化不盡，即畢竟不入涅槃也。余曩日作《明見》篇，猶以任運流轉，不求無上正覺爲莊生所短。由今觀之，是誠斥鷃之笑大鵬矣。

復次，莊生是菩薩一闡提已證法身，無所住箸，不欣涅槃，隨順生死。其以自道，綽然有餘裕矣；以此示人，將非《圓覺》所謂任病，有殊大乘軌物之言？此則不然。諒以東夏衆生，耽樂生趣，唯懼速死，豈憚漂流。以怖死之心，爲詒子之計，趣死轉速，務得亦多，而天下沈濁，不可莊語。爲是開示，萬化無極，樂不勝計，所以解其耽箸，遣此鄙吝。蓋與梵上有情〔二〕，受疢既異，發藥亦殊焉。既開示已，復懼人以展轉受生爲樂，故《田子方》篇復舉仲尼對顏回語，稱「哀莫大於心死，而人死亦次之」。夫心體常在，本無滅

〔二〕「梵上」，據文意當作「梵土」。

期，而心相波流，可得變壞，此所謂心死也。自非變易生死者，形軀徂隕，分段轉生，已失復得，其哀可緩。獨彼心相知見，漂失不可守司，聰明或復廢爲聾盲，睿博亦且易以頑鄙，斯雖九流上哲之士，能無惻然不怡乎？此二説者，展轉延進。始者猶初斷兒乳，雜華珍膳，競與觀覽，止其嗁號；漸次猶醫治風痹，注艾下鍼，瘢痍粟起，爾乃得知痛苦耳。既延進已，由是《達生》所説，示以能移，其説轉勝。若乃所以遍度群倫，偕詣極地者，《消摇游》已陳其説。離於大年小年，無有大知小知，一切無待，體自消摇，斯即常樂我淨之謂。苟豪分有對，即翳垢猶在，而法身未彰也。若斯諸論，纍級而上，漸至轉依，尋其梯陼，歷然可知，斯豈以分段生死，苟相尉薦而已。莊生所箸三十三篇，自昔未曾科判，輇材之士，見其一隅；黨伐之言，依以彈射。今者尋繹微旨，阡陌始通，寶藏無盡，以詒後生也。釋第七章竟。

附録

論佛法與宗教、哲學以及現實之關係*

章太炎

近代許多宗教，各有不同。依常論說來，佛法也是一種宗教。但問怎麼樣喚作宗教，不可不有個界說。假如說有所信仰，就稱宗教，那麼各種學問，除了懷疑論以外，没有一項不是宗教。就是法理學家信仰國家，也不得不給他一個宗教的名字，何但佛法呢？假如説崇拜鬼神喚作宗教，象道教、基督教、回回教之類，都是崇拜鬼神，用宗教的名号，恰算正當。佛法中原説「六親不敬，鬼神不禮」，何曾有崇拜鬼神的事實？明明説出「心、佛、衆生，三無差別」，就便禮佛念佛等事，總是禮自己的心，念自己的心，並不在

* 一九一一年十月講於日本，據章太炎手稿整理，原載於《中國哲學》第六輯，生活·讀書·新知三聯書店一九八一年版。

心外求佛。這一條界説,是不能引用了。惟有六趣昇沉的道理,頗有宗教分子羼入在裏頭。究竟天宫地獄等語,原是《摩拿法典》流傳下來。佛法既然離了常見斷見,説明輪回的理,借用舊説證明,原是與自己宗旨無礙,所以没有明白破他。只象古代中國、希臘許多哲學家,孔子也不打破鬼,瑣格拉底、柏拉圖也不打破神。現在歐洲幾個哲學家,如笛佉爾、康德那一班人,口頭還説上帝,不去明破,無非是隨順世俗,不求立異的意思。到底與本宗真義,没有甚麽相干,總是哲學中間兼存宗教,並不是宗教中間含有哲學。照這樣看來,佛法只與哲學家爲同聚,不與宗教家爲同聚。在他印度本土,與勝論、數論爲同聚,不與梵教爲同類。試看佛陀、菩提這種名號,譯來原是「覺」字,般若譯來原是「智」字。一切大乘的目的,無非是「斷所知障」、「成就一切智者」,分明是求智的意思,斷不是要立一個宗教,勸人信仰。細想釋迦牟尼的本意,只是求智,所以發明一種最高的哲理出來。發明以後,到底還要親證,方才不是空言。象近人所説的物如、大我、意志,種種高談,並不是比不上佛法,只爲没有實證。所以比較形質上的學問,反有遜色。試想種種物理,無不是從實驗上看出來,不是純靠理論。哲學反純靠理論,没有實驗,這不是相差狠遠麽?佛法的高處,一方在理論極成,一方在聖智内證。豈但不爲宗教起見,也並不爲解脱生死起見,不爲提倡道德起見,只是發明真如的見解,必要實證真如;

發明如來藏的見解，必要實證如來藏。與其稱爲宗教，不如稱爲「哲學之實證者」。至於布施、持戒、忍辱等法，不過爲對治妄心。妄心不起，自然隨順真如。這原是幾種方法，並不是他的指趣。又象發大悲心、普渡眾生等語，一面看來，原是最高的道德，因爲初發大心的時候，自己還是眾生，自然有一種普渡眾生的志愿；一面看來，凡人自己得著最美的境界，總要與人共樂。譬如游山聽樂，非眾不歡。釋迦牟尼未成正覺以前，本來也和常人不異。見到這一處，自然要與人共見。證到這一處，自然要與人共證。若不是説法利生，總覺得自己心裏不狠暢快。所以據那面看是悲，據這面看是喜。若專用道德的眼光去看，雖是得了一面，却也失了一面。道德尚且不是佛的本旨，何況宗教呢？從來著了宗教的見解，總不免執守自宗，攻擊異己。像印度的數論、勝論，原有可采；中國的老子、莊子，意趣更高。但把佛法看成宗教的人，不論他人説是説非，總要强下許多辯難。有時見他人立意本高，就去挑撥字句，吹毛求疵，不曉得字句失當的所在，佛法中也是不免。到了這邊，又必要加許多彌縫，施許多辯護，真是目見千里，不見其睫。現在且舉一例：且如老莊多説自然，佛家無不攻駁自然，説道本來没有自性，何況自然？那麽，我請回敬佛家一句，佛法也有「法爾」兩個字，本來没有法性，何況法爾？人本無我，没有自然；法本無我，連法性也不能成立了。這種話，只要以矛刺盾，自己無不陷入絶地。後來佛法分宗，也往往有這種弊病。本來專門講學，原是要彼此辯論，但據著道理的辯，總是愈辯愈精；執著宗教的辯，反是愈辯愈劣。我想陳那菩薩作《理門論》，只用現量、比量，不用聖教量，真是辯論的規矩。可惜亞東許多高僧，從没有在這邊著想。這種病根，都爲執著宗教的意見，不得脱離，竟把「佛法無諍」四個字忘了。若曉得佛法本來不是宗教，自然放大眼光，自由研究。縱使未能趣入實證一涂，在哲學的理論上，必定可以脱除障碍，獲見光明。況且大乘的見解，本來「依義不依文，依法不依人」。可見第一義諦，不必都在悉檀；地上菩薩，不必專生印度。恐怕文殊彌勒，本來是外道宗師，大乘采他的話，就成一種最高的見解。何但文殊彌勒呢？西向希臘，東向支那，也可以尋得幾個出來。雖然不在僧伽，他的話倒不失釋迦牟尼的本意啊！

佛法中原有真諦、俗諦二門。本來不能離開俗諦去講真諦。大乘發揮的道理，不過「萬法唯心」四個字。因爲心是人人所能自證，所以説來没有破綻。若俗諦中不可説法，也就不能成立這個真諦。但在真諦一邊，到如來藏緣起宗、阿賴耶緣起宗，已占哲學上最高的地位。只在俗諦一邊，却有許多不滿。那不滿在何處呢？佛法只許動物爲有情，不許植物爲有情，至於礦物，更不消説了。兄弟平日好讀《瑜伽師地論》，卻也見他許多未滿。《瑜伽》六十五云：「離系外道，作如是説：一切樹等，皆悉有命，見彼與内有命數法，同增長故。應告彼言：樹等增長，爲命爲因？爲更有餘增長因耶？若彼唯用命爲因者，彼未舍命，而於一時無有增長，不應道理。若更有餘增長因者，彼雖無命，由自因緣，亦得增長，故不應理。又無命物無有增長，爲有説因，爲無説因？若有説因，此説因緣不可得故，不應道理。若無説因，無因而説而必爾者，不應道理。又諸樹等物與有命物，爲一向相似，爲不一向相似？若言一向相似者，諸樹等物根下入地，上分增長，不能自然動摇其身，雖與語言而不報答，曾不見有善惡業轉。斷枝條已，餘處更生，不應道理。若言一向不相似者，是則由相似故可有壽命，不相似故應無壽命，不應道理。」這許多話，不用多辯，只要説「壽、煖、識三，合爲命根」。植物也有呼吸，不能説無壽；也有温度，不能説無煖；也有牝牡交合的情欲，卷蟲食蠅的作用，不能説無識。依這三件，植物决定有命。至於根分入地不能動摇，這與蝸牛石蛙，有甚麽區别？語言不報，也與種種下等動物相似。斷枝更生，也與蜥蜴續尾、青蛙續肢别無兩樣。惟有善恩業果一件，是人所不能證明，都無庸辯。種種不能成立。植物無命，費了許多辯論，到底無益。至於礦物，近人或有説他無知，或有説他有知，依唯心論，到底不能説礦物無知。爲甚麽緣故呢？唯心論的話，簡説成心有境無。請問觸著牆壁，爲甚麽不能過去？唯心論家，必定説身識未滅，所以觸覺不滅。觸覺未滅，所以不能透過障碍。究竟不是外界障得，只是身識上的相分。若身識滅了，觸覺就滅。觸覺滅了，自然不覺障礙，可以透過。這幾句話，原來不錯，但又請問唯心論家：石塊和石塊相遇，金球和金球相遇，也一樣不能透過。請問石塊和金球，還是有身識呢，還是沒有身識呢？若沒有身識，爲甚麼不能透過障礙？石塊、金球可説沒有身識，便是動物也可説成沒有身識，這是依著甚麼論根？若説石塊、金球也有身識，爲甚麼佛法總是説四大是「無情數」呢？問到這句，佛法中唯心論師，口就啞了。到底不説礦物有知，不能完成自己的唯心論。現在依《起信論》説，更有證成「礦物有知」的道理。原來阿賴耶識，含有三個：一是業識，二是轉識，三是現識。業就是作用的别名，又有動的意思。礦物都有作用，風水等物，更能流動，可見礦物必有業識。轉識就是能見的意思，質言就是能感觸的作用，礦物既然能觸，便是能感，可見礦物必有轉識。現識就是境界現前的意思，礦物和異性礦物，既能親和，也能抵抗，分明是有境界現前，可見礦物也有現識。若依《成唯識論》分配，業識便是作意，轉識便是觸，現識便是受，並與阿賴耶識相應。但沒有想、思二位，所以比較動植物的知識，就退在下劣的地位。況且礦物不但有阿賴耶識，兼有意根。何以見得呢？既有保存自體的作用，一定是有「我執」，若沒有我執，斷無保存自體的理。只是意根中「法執」有無，還沒有明白證據，不容武斷。礦物既有阿賴耶、意根二種，爲甚麼緣故不見流轉生死啊？因爲流轉生死，必要「感」、「業」二種爲緣。礦物的感，衹有「俱生我執」，没有「分別我執」。只有「显境名言」，没有「表義名言」。礦物的業，衹有「無記性」，没有「善性」、「惡性」。流轉生死的緣，闕了大半，所以没有流轉生死的果。這也是容易説明的。但雖説礦物有知，依舊不容説礦物有質。衹是礦物和礦物相遇，現起觸覺，畢竟没有窒礙的本體。動物和礦物相遇，動物現起色覺、聲覺、香覺、味覺、觸覺，畢竟没有五塵的本質。五塵的幻覺，只爲兩種有意根的東西相遇而生，所以心有境無，依然成立。這植物有命、礦物有知的俗諦，佛法中不能説得圓滿。我輩雖然淺陋，還可以補正得一點兒。還有一句話，是兄弟平日的意見。現在講唯心論的，必要破唯物論。依兄弟者，唯心論不必破唯物論，反可以包容得唯物論，只要提出「三性」，就可以説明了。第一是據「依他起自性」。唯物論家爲甚麽信唯物呢？除了感覺，本來無物可得。感覺所得，就是唯心論的「現量」。信唯物的，原是信自己的感覺，即便歸入心上的現量了。第二是據「遍計所執自性」。有一類唯物論師，説感覺所得，不過現象，分析出來，只是色、聲、香、味、觸五種。此外還有物的本質，不是色聲香味，也不是觸，没有方分，没有延長，五感所不能到，就是真正的物質了。但五感所不能到，就在「現量」以外，又兼一切物質，界限最廣，更没有甚麽「比量」。離了「現量」、「比量」，突然説有物質，那便非經驗非推理的說話。這句話由那裏起來，只爲我的意根中間，原是有「法執」。依著「法執」做自己思想的靠傍，就說出「物必有質」的話來。那麽，「物質」這一句話，就是唯心論中所說的「非量」，分明是句妄語。然而離了意根，再不能無端想成，這不是以心量爲主，物質爲從麽？第三是據「圓成實自性」。動物植物也有知，礦物也有知，種種不過阿賴耶識所現的波浪。追尋原始，惟一真心。況且分析一物，到分子的境界，展轉分成小分子、微分子的境界，總有度量可分，不能到最小最微的一點。所以《莊子·河伯》〔一〕篇說：「物量無窮。」既是無窮，必不能說是實有。也像空間時間，沒有邊際，就不能說是實有。到底是心中幻象，就此可以證成「諸法不生」。礦物、植物、動物，同是不生，那就歸入圓成實性，所以說不必破唯物論。盡容他的唯物論說到窮盡，不能不歸入唯心。兄弟這一篇話，或者不爲無見吧！

佛法在印度，小乘分爲二十餘部，大乘只分般若、法相二家。般若不立阿賴耶識，又說「心境皆空」，到底無心無境，不能成立一切緣起。但《中論》所說：「因緣所生法，我說即是空，亦名爲假名，亦名爲中道。」空便是遍計所執自性，假便是依他起自性，中

〔一〕「河伯」，據《莊子》當作「秋水」。

便是圓成實自性，不過名目有點兒不同罷了。照這樣看，般若宗的真義，還是唯心。般若所破的「心境」，即是法相的「見相」，也没有直破真心。法相宗提出阿賴耶識，本是補般若宗的不備。以前本有《起信論》提出如來藏來。如來藏與阿賴耶識，《楞伽經》中本來不説分别。《密嚴經》也説：「佛説如來藏，以爲阿賴耶。惡魔不能知，藏即賴耶識。」《起信論》裏頭，雖有分别，到底八識九識，可以隨意開合，並不是根本的差違。法相説三性三無性，《楞伽經》也説三性三無性。大概《楞伽經》、《密嚴經》、《解深密經》，同是法相宗所依據。《起信》、《瑜伽》，也不過是同門異户。所以印度本土，除了般若、法相，並没有别的大乘。一到中國，卻分出天台、華嚴二宗。天台所據的是《法華經》，華嚴所據的是《華嚴經》。這兩部經典，意趣本來不甚明白。智者、賢首兩公，只把自己的意見，隨便附會，未必就是兩經的本旨。其間暗取老莊舊説，以明佛法，其實不少，所以稱爲支那佛法。現在把兩邊的佛法比較一回，到底互有長短。大概印度人思想精嚴，通大乘的，没有不通小乘；解佛法的，没有不曉因明，所以論證多有根據，也没有離了俗諦空説真諦的病。中國卻不然，思想雖然高遠，却没有精細的研求；許多不合論理、不通俗諦的話，隨便可以掩飾過去。這就是印度所長，中國所短。且看華嚴宗立「無盡緣起説」，風靡天下，人人以爲佛法了義，遠在《起信》、《瑜伽》之上。

依兄弟想，本來《莊子·寓言》篇曾經説過：「萬物皆種也。以不同形相禪，始卒若環，莫得其倫。」這就是華嚴宗的「相入」説。《齊物論》也説：「萬物與我爲一。」這就是華嚴宗的「相即」説。賢首暗取莊子意思，來説佛法，原是成得一種理論。但如來藏緣起説、阿賴耶緣起説，都是以心爲本因，無盡緣起説到底以甚麽爲本因？還是無量物質互爲緣起呢？還是無量心識互爲緣起呢？或者無量物質、無量心識互爲緣起呢？到底説來暗昧，没有根源。所立二喻，一是「十錢喻」，二是「椽舍喻」。十錢喻説，十個錢是一個錢所緣成，一個錢又是十個錢所緣成。究竟不過把算位進退，一的進位便是十，所以説十數是一數所緣成；一的退位，便是小數的一，所以説一數是十個小數的一所緣成。但在算位上可以這樣講去，在有形質的物件上，就不容易這樣講去。爲甚麽呢？十個錢可説是一個錢所緣成，一個錢更無小錢可分，將一個錢切做十分，早已不能唤他爲錢，怎麽可説個一錢是十個小數的一錢所緣成呢？椽舍喻説，椽便是舍，因爲舍是椽所緣成，去了一椽，便是破舍，所以説椽即是舍。這一條喻，更加荒繆。舍是椽所緣成，便説椽即是舍。這個比例，與「泥中有瓶」一樣，犯了「因中有果」的过。況且去了一椽，好舍雖變了破舍，不能不説是舍。去了一椽還是舍，怎麽可説椽即是舍呢？照這個比例，也可説眉毛就是人，因爲去了眉毛，便是丑怪的人，所以説眉毛就是人。這不是極荒唐的詭辯麽？《莊子・天下》篇所載名家詭辯，説的是「郢有天下」。賢首這篇詭辯，與那句話正是同例。這般荒繆無根的論法，到底不會出在印度，這分明是支那佛法的短處。但有一端長處，也是印度人所不能想到的，就象《華嚴經》有「性起品」。華嚴宗取到「性起」兩個字，猶有幾分悟到。本來「緣起」這個名稱，原有幾分不足。緣十二緣生説，《大乘入楞伽經》已曾疑過：「大慧菩薩白佛言，外道説因，不從緣生而有所生。世尊所説，果待于因，因復待因。如是展轉，成無窮過。」《莊子・齊物論》也説：「吾有待而然者邪，吾所待又有待而然者邪？」這種駁難，到底不能解答。因爲第一因緣不能指定，所以雖説緣生，不過與泛泛無根一樣。又象《楞伽》、《起信》，都把海喻真心，風喻無明，浪喻妄心。但風與海本是二物，照這個比例，無明與真心也是二物。海的外本來有一種風，照這個比例，心的外本來也有一種無明。這就與數論分神我、自性爲二的見解，没有差别。唯有説成「性起」，便把種種疑難可以解決。因爲真心絕對，本來不知有我。不知有我這一點，就是無明。因爲不知有我，所以看成器界、情界。這個就是緣生的第一個主因，一句話就把許多疑團破了。這也是支那佛法所長，超過印度的一點。若是拘守宗法，必定説那一宗長，那一宗短，强分權教、實教、始教、終教許多名目，那就是拘墟之見，不是通方之論了。只要各取所長，互相補助，自然成一種圓滿無缺的哲理。

佛法本來稱出世法，但到底不能離世間法。試看小乘律中，盜金錢五磨洒，便算重罪，也不過依著印度法律。大乘律脱離法律的見解，還有許多依著尋常道德。這且不論，但説三界以外，本來没有四界，雖説出世法，終究不離世間。精細論來，世間本來是幻，不過是處識種子所現（處識見《攝大乘論》）。有意要離脱世間，還是爲處識幻相所蔽。所以斷了所知障的人「證見世間是幻」，就知道世間不待脱離。所以「不住生死，不住涅槃」兩句話，是佛法中究竟的義諦。其中還有一類，《大乘入楞伽經》唤作菩薩一闡提，經中明説：「菩薩一闡提，知一切法本來涅槃，畢竟不入。」象印度的文殊、普賢、維摩詰，中國的老聃、莊周，無不是菩薩一闡提。這個菩薩一闡提發願的總相，大概是同，發願的别相，彼此有異。原來印度社會和平，政治簡淡，所以維摩詰的話，不過是度險設醫藥、救饑饉幾種慈善事業。到東方就不然，社會相爭，政治壓制，非常的猛烈。所以老莊的話，大端注意在社會政治這邊，不在專施小惠，拯救貧窮，連「兼愛」、「偃兵」幾句大話，無不打破。爲甚麽緣故呢？兼愛的話，這是强設一種兼愛的條例，象《墨子·天志》篇所説，可以知其大概。若有一人一國違了天志，這個人就該殺，這個國就該滅，依然不能純用兼愛。又象那基督教也是以博愛爲宗，但從前羅馬教皇代天殺人，比政府的法律更要殘酷。所以莊子見得兼愛就是大迂（《天道》篇），又說「爲義偃兵」，就是「造兵之本」（《徐無鬼》篇），這真是看透世情，斷不是煦煦爲仁、孑孑爲義的見解。大概世間法中，不過平等二字，莊子就喚作「齊物」，並不是説人類平等，衆生平等，要把善惡是非的見解，一切打破，才是平等。原來有了善惡是非的見，斷斷没有真平等的事實出來。要知發起善惡，不過是思業上的分位。《莊嚴論》説的「許心似二現，如是似貪等，或似于信等，無别善染法。」至於善惡是非的名號，不是隨順感覺所得，不是隨順直覺所得，只是心上先有這種障碍，口裏就隨了障礙分别出來。世間最可畏的，並不在「相」，只是在「名」。《楞伽》、《般若》多説到字平等性、語平等性。老莊第一的高見，開宗明義，先破名言。名言破了，是非善惡就不能成立。《齊物論》説的：「未成乎心而有是非，是今日適越而昔至也，是以無有爲有。」分明見得是非善惡等想，只是隨順妄心，本來不能説是實有。現在拿著善惡是非的話，去分别人事，真是荒唐繆妄到極處了。老子説的「常善救人，故無棄人」、「人之不善，何棄之有」，並不是説把不善的人救成善人，只是本來没有善惡，所以不弃。但這句話，與近來無政府黨的話大有分别。老莊也不是純然排斥禮法，打破政府。老子明明説的「輔萬物之自然而不敢爲」，又説：「聖人無常心，以百姓心爲心。善者吾善之，不善者吾亦善之，德善。信者吾信之，不信者吾亦信之，德信。聖人在天下，歙歙爲天下渾其心，聖人皆孩之。」意中説只要應合人情，自己没有善惡是非的成見。所以老子的話，一方是治天下，一方是無政府。只看當時人情所好，無論是專制，是立憲，是無政府，無不可爲。彷佛佛法中有三乘的話，應機説法。老子在政治上也是三乘的話，並不執著一定的方針，强去配合。一方説：「以道莅天下，其鬼不神。」是打破宗教。一方又説：「人之所教，我亦教之。强梁者不得其死，吾將以爲教父。」又是隨順宗教。所以説「不善者吾亦善之，不信者吾亦信之」，並不是權術話，只是隨順人情，使人人各如所願罷了。再向下一層説，人心雖有是非善惡的妄見，惟有客觀上的學理，可以説他有是有非；主觀上的志願，到底不能説他有是有非。惟有無所爲的未長進，可以説是真善真惡；有所爲的長進，善只可説爲僞善，惡也只可説爲僞惡。照這樣分別，就有許多判斷，絶許多爭論，在人事上豈不增許多方便麽？兄弟看近來世事紛紜，人民涂炭，不造出一種輿論，到底不能拯救世人。上邊説的，已略有幾分了。最得意的，是《齊物論》中「堯伐三子」一章：「昔者，堯問於舜曰：『我欲伐宗、膾、胥敖，南面而不釋然。何也？』舜曰：『夫三子者，猶存乎蓬艾之間，若不釋然，何哉？昔者，十日並出，草木皆照，而況德之進乎日者乎？』」據郭象注，蓬艾就是至陋的意思。物之所安，没有陋與不陋的分別。現在想奪蓬艾的願，伐使從己，於道就不弘了。莊子只一篇話，眼光注射，直看見萬世的人情。大抵善惡是非的見，還容易消去；文明野蠻的見，最不容易消去。無論進化論政治家的話，都鑽在這個洞窟子裏，就是現在一派無政府黨，還看得物質文明，是一件重要的事，何況世界許多野心家。所以一般輿論，不論東洋西洋，沒有一個不把文明野蠻的見横在心裏。學者著書，還要增長這種意見，以至懷著獸心的强國，有意要併吞弱國，不説貪他的土地，利他的物産，反説那國本來野蠻，我今滅了那國，正是使那國的人民獲享文明幸福。這正是「堯伐三子」的口柄。不曉得文明野蠻的話，本來從心上的幻想現來。只就事實上看，甚麽唤做文明，甚麽唤做野蠻，也沒有一定的界限。而且彼此所見，還有相反之處。所以莊子又説沒有正處，沒有正味，沒有正色。只看人情所安，就是正處、正味、正色。易地而施，却象使海鳥啖大牢，猿猴著禮服，何曾有甚麽幸福？所以第一要造成輿論，打破文明野蠻的見，使那些懷挾獸心的人，不能借口。任便説我愛殺人，我最貪利，所以要滅人的國，説出本心，到也罷了。文明野蠻的見解，既先打破，那邊懷挾獸心的人，到底不得不把本心説出，自然沒有人去從他。這是老莊的第一高見。就使維摩詰生在今日，必定也主張這種議論，發起這種志願，斷不是只説幾句慈善事業的話，就以爲够用了。若專用佛法去應世務，規畫總有不周。若借用無政府黨的話，理論既是偏於唯物，方法實在没有完成。唯有把佛與老莊和合，這纔是「善權大士」，救時應務的第一良法。至於説到根本一邊，總是不住涅槃，不住生死，不著名相，不生分別。象兄弟與諸位，雖然不曾證到那種境界，也不曾趣入「菩薩一闡提」的地位。但是聞思所成，未嘗不可領會；發心立願，未嘗不可宣言。《維摩詰經》所説的「雖觀諸法不生而入正位，雖攝一切衆生而不愛著，雖樂遠離而不依身心盡，雖行三界而不壞法界性」，難道我輩就終身絶望麽？

圖書在版編目（CIP）數據

莊子解故　齊物論釋／章太炎撰；孟琢點校．-- 福州：福建人民出版社，2022.12
（莊子集成／劉固盛主編）
ISBN 978-7-211-09064-8

Ⅰ．①莊…　Ⅱ．①章…　②孟…　Ⅲ．①道家
②《莊子》-注釋　Ⅳ．① B223.52

中國國家版本館 CIP 數據核字 (2023) 第 010931 號

莊子解故　齊物論釋

作　　者：章太炎　撰　孟　琢　點校
責任編輯：莫清洋
美術編輯：白　玫
責任校對：李雪瑩
出版發行：福建人民出版社
電　　話：0591-87533169（發行部）
網　　址：http://www.fjpph.com
電子郵箱：fjpph7221@126.com
地　　址：福建省福州市東水路 76 號
經　　銷：福建新華發行（集團）有限責任公司
印刷裝訂：上海盛通時代印刷有限公司
地　　址：上海市金山區廣業路 568 號
電　　話：021-37910000
開　　本：890 毫米 ×1240 毫米　1/32
印　　張：8.375
字　　數：142 千字
版　　次：2022 年 12 月第 1 版第 1 次印刷
書　　號：ISBN 978-7-211-09064-8
定　　價：60.00 元